Futuro Post-Covid Esposto!

O Grande Reset, Construir Melhor e o Total Colapso Econômico

-

Agenda 2021 - 2030 - Controle da População - Futuro Globalista?

Rebel Press Media

Isenção de responsabilidade

1

Nossos outros livros

Confira nossos outros livros para outras notícias não relatadas, fatos expostos e verdades desmascaradas, e muito mais.

Junte-se ao exclusivo Rebel Press Media Circle!

Você receberá novas atualizações sobre a realidade não relatada, entregues em sua caixa de entrada todas as sextas-feiras.

Inscreva-se aqui hoje:

https://campsite.bio/rebelpressmedia

Introdução

"A Autoridade procura obter um acordo-quadro para o armazenamento temporário de corpos no caso de uma situação de excesso de mortes para os 32 bairros de Londres e a cidade de Londres, liderada pelo Conselho Municipal de Westminster. O acordo-quadro nomeará um único fornecedor e será por um período de 4 anos. Este será um contrato de contingência, chamado apenas no caso de uma situação de excesso de mortes no futuro e a capacidade existente de armazenamento de corpos locais precisa ser aumentada".

O governo britânico lançou uma licitação em 10 de junho para "instalações temporárias de armazenamento de corpos" na área de Londres para o caso de haver um "número excessivo de mortes" durante os próximos 6 meses a 4 anos. Muitas pessoas agora percebem que se isto de fato vai acontecer, embora estas mortes sejam atribuídas à variante Delta ou a outra mutação Covid, na realidade elas provavelmente serão vítimas da vacina.

Um leitor com quem falamos recentemente fez a comparação com o período que antecedeu a Segunda Guerra Mundial, quando Winston Churchill, em preparação para a guerra (de outra forma, demonstrou ter sido planejada por ambos os lados), ordenou que as valas comuns fossem cavadas "no caso" de Londres ser bombardeada. Centenas de cidadãos britânicos que queriam publicar ou criticar as provas da conspiração de

guerra foram presos e encarcerados por Churchill sem julgamento. A história vai se repetir, só que desta vez com vacinações em massa e seus oponentes?
Olhando para o futuro em 2020

Em novembro de 2020, o governo britânico já estava "procurando urgentemente um programa de Inteligência Artificial (IA) para lidar com o esperado alto número de reações adversas graves (RAMs) à vacina Covid-19". As ADRs, Reações Adversas a Drogas, tínhamos traduzido com "reações adversas graves", porque isto não significa efeitos colaterais comuns. As RAMs incluem mortes, doenças que ameaçam a vida e deficiências permanentes. Portanto, uma ADR sempre requer hospitalização.

Vacinas, que contêm ingredientes (mRNA / instruções genéticas para fazer a proteína mais perigosa do coronavírus em seu próprio corpo) que você NUNCA pode sair de seu corpo, faça exatamente o que é estritamente proibido para alimentos e bebidas. Pior ainda: o governo está exercendo uma pressão cada vez maior sobre a população para tomar apenas aquela vacina, da qual, mais uma vez (não podemos enfatizá-la com freqüência o suficiente), já se sabe que causará um alto número de vítimas, inclusive mortes".

Como você chama um governo que consciente, deliberada e ativamente põe em perigo o bem-estar de seu próprio povo, que força deliberadamente algo sobre sua própria população que já sabe com antecedência que vai causar um grande número de doentes e mortos"?

Cinicamente, poderíamos chamar isso de um governo com uma abordagem particularmente "clarividente". Como agora na Inglaterra, onde eles querem abrir espaço com antecedência para um número obviamente esperado de cadáveres, causados por... o quê?

Este livro é uma compilação de nossos artigos publicados anteriormente e de novos artigos para expor as vacinas com o contexto adequado, em tópicos como despovoamento e controle mundial pela elite globalista, se você gostaria de saber mais sobre assuntos como o grande reset, nós o aconselhamos a ler nossos outros livros também, e compartilhá-los com todos os que você preza.

Queremos alcançar o maior número de pessoas possível, por isso continuamos publicando nosso conteúdo, para garantir que se um título for ignorado, o outro título ainda receba a atenção, estes assuntos precisam.

Se queremos vencer esta guerra contra a humanidade, temos que informar a todos sobre a realidade do que está acontecendo neste momento!

Tabela de Conteúdos

Capítulo 1: Agosto 2021?!

9,5% dos idosos totalmente vacinados ainda estão "não protegidos contra a morte", de acordo com o governo britânico.

Um documento oficial do governo britânico (datado de 31 de março) sobre o 'Roadmap', como se espera que seja em 2021, mostra que os idosos totalmente vacinados em particular devem se preocupar com a esperada 'terceira onda corona' (que pode ou não coincidir com a variante indiana 'Delta'). Na página 18, no item 56, há algo digno de nota, uma declaração perturbadora que parece confirmar o cenário provável, uma vez que temos esboçado o cenário desde a primavera de 2020.

Isto mostra que a maioria das mortes e admissões (hospitalares) em um ressurgimento pós-Roadmap (de corona (com pico em agosto)) são pessoas que receberam duas doses de vacina, mesmo sem a proteção contra o declínio da vacina ou uma variante emergente das vacinas em fuga. Isto porque a administração da vacina é tão alta nas faixas etárias mais altas. Portanto, há 5% dos maiores de 50 anos que não estão vacinados, e 95% x 10% = 9,5% dos maiores de 50 anos que estão vacinados, mas não estão protegidos contra a mortalidade. Isto não é o resultado de vacinas ineficazes, mas somente porque a administração da vacina é tão alta". (grifo nosso)

O 10% é a variação sazonal assumida na transmissão (vírus). Esta variação sazonal, causada pela "interação entre a vacinação e a imunidade induzida pela infecção", é esperada para tornar a terceira onda (muito) menor do que a anterior, mas pode prolongar a (suposta) "epidemia". Também é assumido que 90% da população será vacinada até 50.

Mas, por favor, releia novamente esta frase: *"Isto não se deve a vacinas ineficazes, mas somente porque a administração é tão alta"*.

As vacinas são "eficazes", mas como administramos muitas delas, 9,5% dos vacinados acima de 50 ainda não estão protegidos contra a morte (pelo coronavírus, não incluindo as mutações). O que o governo está dizendo com este raciocínio tenebroso é que "só porque vacinamos tantas pessoas, estatisticamente mais pessoas vacinadas morrerão".

Mas espere um minuto, nós vacinamos TODAS essas pessoas para protegê-las da mortalidade, certo? Então essa vacina deve funcionar em TODAS essas pessoas, certo? Talvez você possa manter que a vacina não funciona em 0,1% ou 1%, mas em quase 10%? Compare isso com o IFR Covid-19 estabelecido de apenas 0,15%. Se você for infectado, você tem apenas 0,15% de chance de morrer com a vacina (semelhante à gripe sazonal). Então, por que na Terra você correria o risco de ser injetado com uma "terapia" de manipulação genética experimental altamente controversa?

9

Uma ampla vacinação durante uma pandemia era a coisa mais estúpida que se podia fazer até 2020

Se você era a favor de vacinações, talvez a decisão devesse ser tomada para voltar ao que era a regra geral até 2020, ou seja, que você só vacinava grupos de alto risco? Numerosos virologistas e imunologistas de renome mundial, incluindo o descobridor do HIV e ganhador do Prêmio Nobel Luc Montagnier, alertaram com base na história que vacinar amplamente toda a população (inclusive a saudável) durante uma epidemia ou pandemia - exatamente o que tem sido feito em todos os lugares desde o final do ano passado - é a coisa mais estúpida e prejudicial que você pode fazer.

Os modelos utilizados aqui assumem que a eficácia das vacinas permanece elevada e não consideram o impacto de novas variantes como um motivo de preocupação" (para. 61). Então, no ponto 63, isto já está em contradição. A importação lenta de novas variantes, como a B.1.351, é uma prioridade muito importante para o desenvolvimento da próxima geração de vacinas". Como isso levará 'muitos meses', 'medidas para prevenir e gerenciar riscos de importação, tais como testes de indivíduos... e manter medidas rigorosas de quarentena para aqueles que entram no país continuam sendo importantes...'.

Outra prova de vacinações 100% obrigatórias?

Este documento é talvez um aviso disfarçado de que
9,5% dos idosos totalmente vacinados "não estão
protegidos contra a mortalidade" precisamente por
causa da vacina? Isto está tentando explicar
antecipadamente um número muito alto de mortes
esperadas por vacinas? Esta talvez seja a verdadeira
razão pela qual o governo britânico está procurando
locais para armazenar um "número excessivo de
mortes" em Londres durante os próximos 6 meses a 4
anos? 9,5% de 95% de 26 milhões de britânicos acima
de 50 anos = 24,7 milhões = 2,35 milhões de idosos que
ainda podem morrer apesar de suas vacinas.

Não está escrito explicitamente, mas esta premissa abre
outro pedaço do caminho para o temido cenário de
tentar aplicar vacinas 100% obrigatórias e culpar
falsamente os poucos por cento de não vacinados por
esta próxima onda de doença e morte, e as ondas que
virão depois disso que já estão sendo anunciadas.

Já podemos adivinhar as falsas mensagens de
propaganda dos políticos e da mídia do sistema: Só se
todos forem vacinados é que esta terceira
vaga/variante poderá ser parada, seus avós estarão
seguros novamente, não teremos que anunciar novos
lockdowns', etc. Será repetido com tanta freqüência
que os 90% que não fizeram nenhum esforço nos
últimos dezoito meses para fazer qualquer pesquisa
crítica por conta própria, acreditarão cegamente nesta
enésima enésima corrente de disparates
demonstráveis.

Em qualquer caso, o governo britânico está trabalhando cada vez mais abertamente em direção a esse objetivo: "É altamente provável que novas vacinas sejam necessárias a médio prazo" (para. 64). Se a epidemia crescer como no início do outono de 2020, então é possível ter um cenário nacional controlado', ao lado de possíveis medidas regionais e locais.

Memorando falso prevê bloqueio permanente dentro de algumas semanas

Um chamado memorando do governo britânico indicaria que o país entrará em bloqueio permanente já em 3 semanas ou em agosto porque - apesar das vacinações em massa - espera-se uma "terceira onda", principalmente com a variante do Delta Indiano. O documento, cuja autenticidade não pode ser confirmada e que provavelmente é falso*, foi escrito pelo famoso alarmista Dr. Neil M. Ferguson, que foi desacreditado por seus modelos pandêmicos completamente desmascarados do ano passado, no qual ele previu pelo menos meio milhão de mortes somente na Grã-Bretanha.

Capítulo 2: Despejar as vacinas?

"Governo norueguês": Parar esta vacina salva vidas - a EMA adverte: A vacina AZ também pode causar vazamento de vasos sanguíneos e pressão sanguínea muito baixa, com a pior das hipóteses falha renal e hemorragia cerebral".

A Noruega decidiu despejar seu estoque de vacinas AstraZeneca nos países vizinhos porque é estatisticamente mais provável que você morra com esta vacina do que com a Covid-19.

A FHI, a versão norueguesa da OMS, chegou à decisão porque a vacina AZ demonstrou causar sérias complicações como coágulos de sangue, sangramento e uma contagem muito baixa de plaquetas. O despejo da vacina agora poderia salvar 10 pessoas que, de outra forma, teriam morrido devido aos efeitos colaterais. A vacina AZ tem uma taxa de mortalidade de 2,3 em 100.000 na Noruega, de acordo com o FHI.

A autoridade também é contra o fornecimento voluntário da vacina AZ, pois é considerado "antiético" injetar pessoas com ela "que não estão plenamente conscientes do risco a que estão expostas". No entanto, o fornecimento é dado aos países vizinhos (na linha de "todas as vidas são iguais, mas as vidas norueguesas são mais iguais que as suecas"?).

82% dos noruegueses inicialmente pensavam que as vacinas Covid eram uma boa idéia, mas 76% estão agora céticos. 99% não querem ser injetados com AstraZeneca de qualquer forma; contra as 'vacinas' de manipulação genética de Moderna (9%) e Pfizer (8%) há (ainda) muito menos desconfiança.

Cientistas alemães descobriram que a vacina da Johnson & Johnson carrega o mesmo risco de coágulos de sangue que a vacina AstraZeneca. Enquanto isso, a EMA adverte sobre mais um efeito colateral potencial da vacina AZ: Síndrome de Vazamento Capilar, que causa vazamento de vasos sanguíneos e pressão sanguínea muito baixa. Isto pode levar a dor, náusea, fadiga e, no pior dos casos, falência renal e hemorragia cerebral.

Não queremos preocupar ninguém, mas aqueles que ainda estão pensando "eu me vacinei e não tenho nada com que me preocupar": os danos da vacina podem ocorrer imediatamente, após alguns dias ou semanas, mas também após vários meses ou mesmo anos. A este respeito, é como o câncer: pode se desenvolver à velocidade da luz, mas também muito lentamente.

Em pouco mais de um mês, quase 4.000 mortes a mais - Abortos espontâneos após as vacinas na Grã-Bretanha aumentaram 630% (relativamente até mais 3300%)

O número de mortes induzidas por vacinas Covid-19 na UE havia aumentado para 15.472 até 19 de junho. Quase 600.000 pessoas sofreram conseqüências graves, incluindo doenças auto-imunes, deficiências (incluindo surdez e cegueira), problemas cardíacos, renais e hepáticos, e distúrbios do sistema nervoso e dos músculos/ ossos. Mais de um milhão e meio de pessoas sofreram efeitos colaterais mais leves, mas ainda não permanentes. As vacinas também têm outras conseqüências dolorosas: na Grã-Bretanha, o número de abortos espontâneos após a vacinação aumentou em 630%, e relativamente em 3300%.

Os números oficiais da EMA têm mostrado durante todo o ano que as vacinações Covid-19 têm uma taxa de baixas extremamente alta em todos os lugares, mais do que todas as outras vacinações nos últimos 10 anos juntas. Apesar disso, as pessoas ainda estão ansiosas para ter esta agulha de longe a mais perigosa já inserida em seu braço. Por quê? Porque assim elas se livram do "incômodo" de seus empregadores ou família e podem ser "livres" novamente. Pelo menos é esse o pensamento, porque é promovido pela mídia e pelos políticos.

Em pouco mais de um mês, quase 4.000 mais mortes e 284.000 casos mais graves

Desde nosso último livro, publicado em junho, o número de mortes por vacinas aumentou em 3953, e o número de pessoas com conseqüências graves (/ permanentes) em 284.187, quase dobrando.

E isto por supostamente combater um vírus que, mesmo medido numericamente durante duas estações, ainda é comparável a uma gripe sólida, e por 70 e poucos anos até mesmo a uma gripe leve. (A média IFR da Covid ainda é de apenas 0,15%, de acordo com o maior imunologista do mundo e consultor da OMS, Professor John Ioannidis. Para as pessoas com 70 e poucos anos, isso é 0,05%, a ENORME de uma gripe normal).

A vacina Moderna é a mais perigosa com 8,41% de mortes por relatório, seguida pela Johnson & Johnson (4,8%), Pfizer (3,11%) e AstraZeneca (1,15%). A vacina Johnson produz o maior número de efeitos adversos (3,0 por relatório), seguida pela AstraZeneca (2,7), Moderna (2,5) e Pfizer (2,3). As vacinas da Moderna (55,91%) e da AstraZeneca (55,32%) produzem os sintomas mais graves. A Pfizer segue com 41,96%, e a Johnson com 33,77%.

Apesar da crença sectária na "ciência", cada vez mais interferências

A maioria dos relatórios vem da Holanda (13,7%), seguida pela Itália (12%) e França (8,6%). Entretanto, é bem concebível que o registro na Holanda é melhor e mais preciso do que em outros países, e muitas vítimas de vacinas lá não acabam nas estatísticas. No entanto, sabemos de fontes diretas que mesmo na Holanda existem médicos que, mesmo sem ter feito nenhuma pesquisa, são capazes de dizer imediatamente às pessoas que relatam efeitos colaterais por telefone que "não pode ser devido à sua vacinação".

Falar de uma crença cega e sectária na "ciência" - ou o que deve passar pela ciência hoje em dia! Entretanto, também é possível que estes médicos tenham simplesmente muito medo das conseqüências para sua posição e carreira se eles reportarem ou registrarem (sérias) conseqüências das vacinações como tais, e, portanto, optarem por "colocar seu dinheiro onde sua boca está".

Apenas 1% a 13% acabam em estatísticas

As autoridades americanas admitiram recentemente, em 2011, que apenas 1% a 13% do número de vítimas da vacina são relatados à FDA. Se aplicarmos estes números à Europa, então na realidade entre 10 e 100 vezes mais civis seriam afetados do que o declarado nestas estatísticas, ou entre 6 e 60 milhões, não incluindo 15.000+ mortes, mas pelo menos 150.000. (1)

Além disso, estas são apenas as pessoas para as quais uma ligação direta pode ser demonstrada, enquanto é cientificamente conhecido que muitas pessoas só experimentam efeitos adversos à saúde após vários meses, ou mesmo anos. Um vínculo causal não pode mais ser demonstrado diretamente.

Abortos espontâneos A Grã-Bretanha aumentou em 630%

As vacinas também têm outras conseqüências dolorosas: na Grã-Bretanha, o número de abortos espontâneos após a vacinação aumentou em 630%, e relativamente falando, em até 3300%. Já 200 mulheres grávidas perderam seus filhos por nascer logo após a injeção do gene Covid; 3 mulheres não sobreviveram por conta própria.

As mulheres que perdem seus filhos por nascer após a vacinação podem responsabilizar diretamente seus prestadores de serviços de saúde, pois o folheto informativo e as instruções de cuidado, por exemplo, da "vacina" da Pfizer declaram explicitamente que a injeção não deve ser administrada a mulheres grávidas, e as mulheres que desejam engravidar devem esperar pelo menos 2 meses após sua vacinação para fazê-lo.

Como na Índia, Chile, Taiwan e Seychelles, o número de mortes também explodiu nos EUA e Grã-Bretanha após o início da campanha de vacinação em massa contra o Covid-19. Em menos de 5 meses, houve mais mortes por vacinas oficiais nos EUA do que nos últimos 10 anos (!). De acordo com o sistema de registro VAERS - que historicamente registra apenas 1% a um máximo de 10% do número real de casos - mais de 1750 pessoas morreram de vacinas nos primeiros 3 meses. Esse número atualmente é de 5997. Somente na última semana, 700 pessoas morreram após terem sido vacinadas contra a Covid-19.

Já 19.597 pessoas foram hospitalizadas após terem sido vacinadas. 15.052 pessoas tiveram uma reação alérgica severa. Outras 43.891 pessoas precisaram de atendimento médico de emergência. 2190 pessoas tiveram um ataque cardíaco, 1564 tiveram trombose / coágulos de sangue / nível de plaquetas muito baixo, 652 mulheres tiveram um aborto espontâneo, e 4583 pessoas foram incapacitadas.

Mais de 2 vezes mais mortes entre as pessoas vacinadas

Um "massacre de terror vax" também está ocorrendo na Grã-Bretanha. Os números (Saúde Pública Inglaterra / Serviço Nacional de Saúde do Reino Unido) são surpreendentes: o número de mortes entre pessoas vacinadas é duas vezes maior em termos percentuais do que entre pessoas não vacinadas.

Dos 19.573 não vacinados que teriam recebido a variante "delta" - que a grande mídia está, naturalmente, explorando novamente para mais uma campanha de terror do medo - 23 pessoas morreram (= taxa de mortalidade de 0,00117%), incluindo a categoria "não vinculada" (4.289 casos, elevando a taxa de mortalidade para 0,00096%).

Dos 9344 vacinados que receberam a mutação delta, 19 morreram (= taxa de mortalidade de 0,00246%), mais do dobro dos não vacinados, e mais de 2,5 vezes mais se os casos "não ligados" também forem incluídos. 7 dos 19 vacinados falecidos morreram após 21 dias ou mais após sua primeira injeção, e 12 deles morreram 14 dias ou mais após sua segunda injeção, implicando diretamente a vacina como uma causa direta.

Os especialistas em advertências foram ignorados

A tendência confirma os avisos de numerosos cientistas e especialistas, como o professor Pierre Capel, que desde o outono de 2020 vem alertando que exatamente isso estava prestes a acontecer, o que agora é visível em cada vez mais países: pessoas vacinadas que são posteriormente infectadas pelo vírus ou por uma mutação são muito mais prováveis do que pessoas não vacinadas de contrair ADE (Antibody Dependent Enhancement), uma doença grave conseqüente ou mesmo a morte.

Cientistas célebres como o descobridor do HIV e ganhador do Prêmio Nobel Luc Montagnier, e na Europa, o professor Schetters, martelaram em vão o fato de que até 2020 era um fato científico indiscutível que vacinar durante uma pandemia é a coisa mais estúpida que se pode fazer, porque se cria mutações potencialmente perigosas, o que por sua vez aumenta o número de doentes e mortos.

Entretanto, a política nunca pareceu ser sobre saúde ou segurança, mas sobre a injeção de organismos geneticamente modificados/terapia genética experimental, como parte da agenda de controle totalitário transhumano tecnocrático que agora está sendo imposta à população mundial sob vários nomes (Great Reset, Agenda-2030, Build Back Better, Green New Deal).

As empresas americanas contam com a perda de muitos de seus funcionários vacinados.

O apresentador de rádio americano Hal Turner publicou um vídeo para assinantes que pretende mostrar que as empresas americanas estão contando com a perda do HALF de seus funcionários vacinados contra a vacina Covid-19 (mortos ou incapacitados). Esta informação não pode ser verificada neste momento.

Capítulo 4: Comprovação de planejamento?

A possível reação das partes envolvidas é inteiramente previsível: "Coincidência".

Um Acordo Confidencial entre os Institutos Nacionais de Alergias e Doenças Infecciosas (NIAID) dos EUA e o fabricante de vacinas Moderna mostraria que, já em 12 de dezembro de 2019, foi acordado transferir "potenciais candidatos a vacina contra o coronavírus" para a Universidade da Carolina do Norte. Isso foi 19 dias ANTES do primeiro relato de um novo vírus em Wuhan, China. Se este documento for autêntico, é outra forte indicação de que estamos de fato lidando com uma pandemia planejada, ou plandêmica. A próxima pergunta então surge: estas partes são então também os agentes causais do "surto" do coronavírus?

O documento foi assinado por Ralph Baric (PhD) da Universidade da Carolina do Norte (Chapel Hill) em 12 de dezembro de 2019. Mais tarde, Baric apareceu em alguns meios de comunicação como o "especialista em coronavírus da UNC".

O outro signatário é Jacqueline Quay, Diretora de Licenciamento e Apoio à Inovação na mesma universidade. Sua assinatura é datada de 16 de dezembro de 2019. Até 2009, Quay foi diretora de Propriedade Intelectual no Duke Human Vaccine

Institute e no Center for HIV-AIDS Vaccine Immunology (CHAVI) localizado lá.

Em nome do fornecedor dos candidatos à vacina contra o coronavírus mRNA, Barney Graham MD (PhD) também assinou o documento. Graham é um "investigador" do NIAID. Uma assinatura eletrônica, datada de 12 de dezembro, é de Amy F. Petrik, Especialista em Transferência de Tecnologia. Finalmente, há o rabisco da pesquisadora Moderna Sunny Himansu (PhD). Tudo isso foi aprovado pelo advogado Shaun Ryan, vice-conselheiro geral da Moderna.

Como os EUA e Moderna souberam do coronavírus com quase 3 semanas de antecedência?

Portanto, todas essas pessoas estavam bem conscientes, antes que houvesse um surto na China, que uma vacina contra o coronavírus mRNA seria necessária e que o melhor candidato teria que ser escolhido. Como tanto as autoridades médicas americanas quanto Moderna poderiam ter sabido disso? Não foi até 31 de dezembro que houve o primeiro pequeno relato de um novo vírus em Wuhan. A linha do tempo da OMS afirma claramente que foi somente nessa data que "uma nova pneumonia viral" havia surgido em Wuhan.

Turner se pergunta em voz alta se não está na hora de uma investigação completa sobre os verdadeiros agentes causadores da corona p(l)andemia. Mas o que você faz quando os próprios (co-)culpados (governo dos Estados Unidos) começam a conduzir essa investigação? O diretor do NIAID é um Dr. Anthony Fauci, que parece não ter dito nada além de mentir no ano passado, e cuja ligação direta com a pesquisa do coronavírus "ganho de função" em Wuhan foi comprovada (1). Pode-se confiar em alguma pesquisa oficial no ano de 2021?

Evento 201 planejou 65 milhões de mortes

Esta antevisão do coronavírus é, naturalmente, fácil de explicar à luz do agora infame Evento 201 em outubro de 2019, quando foram realizados ensaios extensivos com várias agências e governos para um "possível" surto global com um coronavírus, que está "planejado" para matar 65 milhões de pessoas. Durante o Evento 201, o cenário foi descrito como sendo seguido exatamente desde 2020. Estamos agora na fase "intermediária", onde parece que o vírus está desaparecendo. Entretanto, isto será seguido por um duplo golpe de retorno (presumivelmente no outono/inverno), do qual, segundo o cenário, dezenas de milhões "devem" morrer.

A eventual reação das partes envolvidas e da mídia a este documento é inteiramente previsível:

"Sim, há anos que trabalhamos em uma vacina contra o coronavírus. É pura coincidência que este documento tenha sido assinado tão pouco antes do surto".

Eu realmente não tenho mais esperança de que as pessoas finalmente acordem para o que realmente está acontecendo. A atitude da maioria das pessoas é agora tão dócil e ingênua que se o governo e a mídia lhes disserem que o céu não é azul, mas cor-de-rosa, eles aceitarão isso pelo valor de face. O preço que terá que ser pago nos próximos anos por esta atitude desinteressada, indiferente e insignificante poderá, no entanto, ser elevado.

Capítulo 5: Assassinato em massa?

Tudo o que o governo e seus cientistas nos disseram durante o último ano e meio, seja sobre fechaduras, infecções, máscaras faciais, mortes ou mutações, são mentiras verdadeiras' - 'As chances de pessoas vacinadas saírem incólumes desta situação? ZERO' - Se você quer matar bilhões de pessoas durante meses ou anos e tem "negação plausível", este é o caminho".

O Dr. Mike Yeadon, ex-presidente e ex-vice-presidente do CSO Allergy and Respiratory Research na Pfizer, como um dos principais imunologistas, tem sido um dos oponentes mais declarados das vacinações de corona em massa ao longo do ano passado. Ele diz que as pessoas "não têm que ter medo deste vírus, mas têm que ter medo de seu próprio governo". Porque tudo o que lhe foi dito sobre bloqueios, infecções, máscaras faciais ou mutações tem sido pura mentira". Ele advertiu anteriormente que as vacinas do mRNA são armas biológicas em potencial. Se você quisesse exterminar a população mundial (sem poder ser diretamente culpado), este é o caminho". Ele não retira uma palavra disso.

Em uma entrevista com The Highwire, Yeadon diz que achou muito suspeito quando um bloqueio foi declarado em março de 2020, e ficou completamente chocado quando o governo decidiu estender esse bloqueio, apesar de os números de morbidade e mortalidade não justificarem de forma alguma. Foi quando soube que havia absolutamente algo incrivelmente errado. As pessoas não deveriam ter medo deste vírus. Tudo o que o governo e seus cientistas nos dizem há ano e meio é mentira". Isso não é apenas uma opinião, mas um fato. Eles estão deliberadamente dizendo inverdades, e nós chamamos isso de mentiras'.

"Objetivo: tornar-nos maduros para as vacinas, o que é um crime muito grave".

"O objetivo era nos tornar maduros para as vacinas... Acho que está sendo cometido um crime muito grave". Yeadon aponta para o conselheiro da OMS e o maior imunologista do mundo, John Ioannidis, que confirmou no ano passado que "esta pandemia de corona é comparável em todos os sentidos a uma sólida gripe sazonal, e não pior. Portanto, o melhor epidemiologista do mundo julga que é apenas um pouco pior do que uma gripe típica".

Mas o governo e todos os legisladores estão dando a impressão de que este vírus é sem precedentes (perigoso), o que simplesmente não é verdade. O que me irrita especialmente é que os bons medicamentos (HCQ, Ivermectin, etc.) estão sendo negados às pessoas. Eles disseram que não há tratamentos, e isso definitivamente não é verdade'. Numerosos médicos e cientistas no mundo inteiro provaram que estes medicamentos são realmente excelentes contra o Covid-19 (em várias etapas). "Se estes medicamentos

tivessem sido disponibilizados, teríamos nos livrado
deles em poucos meses".

Teste PCR usado de forma falsa e totalmente não confiável para este fim

Yeadon também aponta novamente para o teste PCR,
que há muito é conhecido por ser totalmente
inadequado para demonstrar a infecção pelo vírus,
como disse o inventor (e ganhador do Prêmio Nobel)
em 2019, e que foi até reconhecido por Marion
Koopmans no final do ano passado. Além disso, este
teste PCR também não é utilizado de acordo com o
padrão científico. São usados tantos ciclos (40-45,
enquanto 20-25 vezes é o máximo absoluto), que os
resultados do teste não são completamente confiáveis
(95% de falsos positivos), e cada resíduo de qualquer
vírus - incluindo uma constipação comum - dá um
resultado "positivo".

De acordo com o ex-VPFizer, isto foi feito
intencionalmente para poder "demonstrar" o maior
número possível de infecções (falsas), a fim de justificar
as medidas de bloqueio. Além disso, o teste PCR nunca
mostra se alguém está doente ou contagioso
(contagioso para outros) de qualquer forma. (As taxas
de infecção nos vários painéis de instrumentos corona
foram e são, portanto, totalmente falsas).

"As pessoas sem sintomas NUNCA são contagiosas

Isto foi seguido por mais uma mentira dura de vidro, ou seja, que pessoas sem sintomas poderiam ser contagiosas. Eu sabia que isto não era verdade. Esta é a minha especialidade! Este tem sido o meu trabalho por 40 anos. Eles sabem que eu estou certo. Somente pessoas com muitas partículas de vírus em suas vias respiratórias são contagiosas. No entanto, essas sempre terão sintomas. Não há debate sobre isso. As pessoas sem sintomas, portanto, têm poucas partículas de vírus e, portanto, não podem infectar outras. Há muita literatura sobre isso". Até mesmo Anthony 'mentiroso' Fauci admitiu literalmente tanto em fevereiro de 2020.

Acuso os conselheiros e os ministros de assassinato em massa".

Ao longo do ano cheguei à conclusão - e esta é uma afirmação difícil - de que literalmente tudo o que o governo e seus especialistas dizem é tudo mentira. Sim, pessoas morreram, presumivelmente dezenas de milhares. Mas elas provavelmente poderiam ter sido salvas. Portanto, acuso os assessores científicos e ministros do governo de assassinato em massa. Quero vê-los no banco dos réus".

Para aqueles que acreditam que o governo lhe disse a verdade, este é um grande ponto de inflexão. Eu percebo que este é um grande choque".

Os meios de comunicação são 'horríveis mentirosos', porque o risco de contágio é zero

29

Ele aponta para um estudo científico que mostrou que
as pessoas com um teste PCR positivo, mas sem
sintomas, têm no máximo 0,7% de chance de infectar
alguém em sua própria casa. Portanto, o risco de
infecção era e ainda é zero.

Eu também culpo a mídia, que mentirosos horríveis eles
são! Eles estão prejudicando sua própria sociedade e
suas vidas, incluindo as de seus filhos". Durante meses
eles nos mentiram que você pode passar este vírus para
os outros sem perceber. Isso é uma mentira pura e
simples mentira, e simplesmente impossível".

Outra enorme mentira: as máscaras de rosto, que todos
têm que usar. Se você não tem sintomas, uma máscara
bucal é um disparate de qualquer maneira, "mas
absolutamente prejudicial" para a sua saúde. Então, o
que fazem as máscaras faciais? Mantêm o medo
semeado deliberadamente entre as pessoas vivas e o
alimentam. Essa é a principal razão: assustar as pessoas
até a morte. Isso se encaixa com as outras mentiras que
eles lhe dizem".

**Os lockdowns não fizeram diferença, as infecções
ocorrem em instituições**

Os Lockdowns, que restringem todo contato humano,
nunca funcionam e são inúteis. Em uma epidemia de
vírus respiratório, trata-se apenas do número de
contatos infecciosos, ou seja, pessoas com sintomas de

doença que podem infectar outras pessoas. Mas sabemos como lidar com isso desde tempos imemoráveis: ficar em casa! E você limita o número de contatos automaticamente, porque você está doente e/ou tem febre. As poucas pessoas que ficam realmente, realmente doentes, acabam no hospital.

E é por isso que o fechamento de empresas e afins não fez diferença alguma. Não foi aí que as infecções ocorreram. Onde elas aconteceram? Nos lugares onde há muitas pessoas com sintomas e, ao mesmo tempo, muitas pessoas suscetíveis: hospitais! E o que você acha? Muitas infecções ocorreram lá, como nos lares de idosos. Em famílias muito menos, porque já existia muita imunidade, e as crianças não podem disseminar o vírus".

Acredito que 90% de todas as infecções ocorreram nessas instituições. A mesma coisa aconteceu com a SARS-1 em 2003, e a MERS em 2012. Além disso, o SARS-CoV-2 é principalmente uma doença que ocorre em instituições. Portanto, seu governo mentiu para você. Lockdowns nunca poderiam ter funcionado, porque as infecções ocorreram em instituições, não na sociedade".

As variantes e mutações diferem em no máximo 0,3%, todos os humanos são imunes a ela

"Então, essa é toda uma lista de mentiras que nos foi contada, desde o exagero das taxas de mortalidade até as alegações de que não há tratamentos. Ah sim, e outra: que este é um 'novo' (novo) vírus, e por isso ninguém tem imunidade. O mundo inteiro ficou aterrorizado. Fiz então uma pesquisa e vi que este vírus é 80% semelhante ao SARS-1 (2003), e cerca de 60% semelhante a uma constipação coronavírus comum. Então pensei: bom, nada com que se preocupar. A imunologia é meu ponto forte e por isso desejei que muitas pessoas já tivessem uma imunidade muito forte (células T e anticorpos)".

Os consultores científicos de nossos governos também sabem disso. Um dos assessores oficiais britânicos, Sr. Patrick Vallance (o britânico Jaap van Dissel), é até mesmo um ex-colega de Yeadon. Tivemos os mesmos livros didáticos e o mesmo treinamento. Tenho certeza de que ele sabe o que eu sei, e que quando isto terminar, ele confirmará todos os meus pontos, porque eles são cientificamente tão claros. Infelizmente, ele e outros conselheiros têm mentido repetidamente, e isso é para assustar as pessoas'.

"Agora a próxima mentira, a de 2021: variantes (mutações)". As pessoas recebem termos como "brasileiro" ou "indiano" ou "delta" que "estes são realmente muito diferentes, caso contrário o governo e a mídia não diriam nada sobre isso, diriam? Mas eu olhei cuidadosamente para isso. A variante que mais difere da de Wuhan difere apenas em 0,3%. Em outras palavras, é 99,7% a mesma, ou mais. Portanto, é impossível que estas variantes possam escapar da imunidade humana. Impossível. O que eles lhe dizem sobre isto são mentiras'.

"Tenho vergonha dos cientistas que apóiam estas mentiras

Yeadon diz ter vergonha da parte dos cientistas que continuam a vender e apoiar todas essas mentiras com estudos e relatórios manipulados. Não há dúvida de que uma variante que difere em apenas 0,3% não causa sintomas de doença em ninguém (com imunidade). Impossível! Como cientista, é muito frustrante ouvir como ministros e conselheiros conversam com a mídia sobre variantes. Eles estão mentindo! Porque eu entendo como isto funciona. Tanto teoricamente como empiricamente, isto não é possível. Eles não são suficientemente diferentes para se preocuparem".

Ele aponta para um estudo científico (publicado no bioRXiv, do Laboratório Cold Spring Harbor) que descobriu que as células T humanas respondem a TODAS as variantes. Os cientistas que ousaram publicar este "são heróis nacionais". Suas pesquisas me disseram o que eu precisava saber para dizer isto a vocês agora".

"Absurdo que a mídia não permita uma voz crítica

O entrevistador Del Bigtree pergunta a ele por que nenhum dos formuladores de políticas o escutará. Yeadon responde que ele definitivamente não é o único, que ele e outros cientistas, médicos e especialistas começaram a escrever artigos e fazer pesquisas, e a tentar entrar na TV com suas visões e conclusões para refletir um ponto de vista diferente. Mas nem uma única emissora quer que cientistas críticos como ele falem. Realmente absurdo.

Como podem os cientistas envolvidos nisto ainda dormir?

Não entendo como os cientistas envolvidos ainda podem dormir à noite. Quando olho para essas "vacinas" baseadas no gênero como toxicologista, todas elas contêm um código genético para a proteína do pico do vírus. Levei 5 minutos para encontrar 3 estudos. Um estudo diz que a proteína do pico causa coágulos no sangue; outro que pode causar uma tempestade de citocinas'.

"Lembro-me de ficar horrorizado quando li isso. "Então você coloca algo nestas vacinas que faz com que o corpo das pessoas faça (inúmeras) cópias desta proteína de espiga? Isso não poderia existir, poderia? Porque isto faz com que toxinas (toxinas) sejam produzidas em seu próprio corpo! Por alguns dias pensei que talvez eles tivessem mudado a proteína do espigão para que ela não fosse mais prejudicial, mas então percebi que eles não o tinham feito".

Como toxicologista, eu sabia que as pessoas iriam morrer.

O ex-executivo da Pfizer cita então o Dr. Sucharit Bhakdi, um pesquisador altamente considerado premiado com mais de 300 publicações em imunologia e virologia em seu nome. Em novembro, tive uma longa conversa telefônica com ele. Infelizmente, ambos chegamos à mesma conclusão: TODAS estas vacinas fazem com que o organismo produza esta proteína de pico, e é impossível que estas substâncias permaneçam apenas no local da injeção (que tem sido reivindicada há meses pelo governo, fabricantes e mídia, mas que provou ser uma mentira demonstrável)".

"Então, tínhamos certeza de que algumas pessoas iriam receber coágulos de sangue". Juntamente com Bhakdi, entre outros, e outro renomado especialista crítico, Dr. Wolfgang Wodarg, como "Médicos pela Ética Covida", eles submeteram sem sucesso uma série de cartas e petições abertas à EMA em Amsterdã para acabar com essas vacinas. Como toxicologista, eu sabia que as pessoas iriam morrer por causa disso, o que me deixou muito chateado".

NÃO houve nenhuma pesquisa sobre o que esta substância química não natural está fazendo em seu corpo".

Todas as publicações científicas dos últimos 10 anos mostram que o mRNA estava longe de estar pronto para ser usado em massa em vacinas (de terapia genética) para humanos. Numerosos problemas foram e ARE ainda não foram resolvidos.

O que estou prestes a dizer a vocês, muita gente ainda não sabe. Quando estas 'vacinas' baseadas no gênero são dadas a você, você está recebendo um agente químico estrangeiro, modificado e não-natural em seu corpo. Eles deveriam ter feito estudos toxicológicos sobre isso, mas ninguém o fez! Por isso, não podia acreditar que as agências ainda dessem sua aprovação para testes em dezenas de milhares de pessoas. Eles ainda não tinham nem mesmo o básico no lugar! Então, como poderiam saber que estes produtos químicos não seriam tóxicos"?

Como farmacologista, quero saber o que uma droga faz no corpo de um humano ou animal, para onde vai no corpo e quanto tempo permanece ativa. Os fabricantes de vacinas NÃO são obrigados a fazer esta pesquisa. Portanto, eles NÃO estudaram para onde a vacina/proteína de raios solares vai em seu corpo uma vez injetada, quanto dela entra em seu corpo e quanto tempo ele permanece lá. Eu estava quase em lágrimas quando li aquele arquivo, porque eles NÃO têm idéia do que vai acontecer'.

"As chances de pessoas vacinadas saírem incólumes são nulas".

Mas posso lhe dizer o seguinte: a mãe natureza nunca é tão gentil quando você introduz algo novo, quando você injeta um produto químico novo em um ser humano, e você não pesquisou para onde ele vai e o que vai fazer.

As chances de você se safar desta incólume? ZERO. Simplesmente não vai acontecer". Em outras palavras: Qualquer pessoa vacinada vai sofrer danos à saúde por causa disto, mais cedo ou mais tarde.

"Estas são as vacinas mais perigosas de todos os tempos. Lembre-se que normalmente sou muito positivo em relação ao desenvolvimento de novas vacinas, passei minha vida trabalhando nelas. Mas também sou muito a favor da segurança". A operação (suposta) destas novas vacinas do mRNA contém nada menos que 5 etapas. Durante cada etapa, algo pode e IRÁ dar errado. Algumas pessoas sofrerão apenas danos leves, outras muito severos.

Durante seu próprio tempo na Pfizer, o mRNA já se mostrou muito difícil de trabalhar. A idéia de que, em apenas 10 anos, isto será de repente suficientemente seguro para ser usado em humanos, é impossível. Simplesmente não funciona dessa maneira". (Ainda em 2019, cientistas das principais universidades americanas concluíram coletivamente que passariam muitos anos até que se pudesse estabelecer que o mRNA (vacinas/terapia) é suficientemente seguro para ser injetado nas pessoas).

Em seguida, segue uma discussão de um estudo recente realizado por cientistas de sistemas que tentou provar que as vacinas não representam perigo para as mulheres grávidas. Yeadon explica, usando estatísticas desse estudo, que as conclusões estão erradas e que existe um perigo - reconhecidamente não muito, mas certamente não zero, de acordo com ele. Ele chama de "imprudente" o que está sendo feito agora - apenas investigando as possíveis conseqüências APÓS as pessoas já terem sido vacinadas.

"Os ADEs podem levar a um grande número de mortes

O mesmo vale para as vacinações Covid em geral. "Injetamos pessoas saudáveis com algo que pode prejudicá-las (como a criação de coágulos de sangue)". Muitas pessoas também foram encontradas como alérgicas ao PEC adjuvante nas vacinas. E adivinhe o que? Logo no primeiro dia de vacinação em meu país (Grã-Bretanha), dois profissionais de saúde entraram em choque anafilático. De acordo com seu sistema VAERS, milhares e milhares de pessoas já tiveram uma reação anafilática deste tipo. E ainda está acontecendo".

Até agora, os mentirosos têm estado sempre errados. Mas temo que o fim ainda não esteja à vista. Você já mencionou o ADE (Antibody Dependent Enchancement). Se isso ocorrer, pode ser catastrófico e literalmente levar a um grande número de mortes. Alguns médicos já estão prevendo isto, e eu estou tão preocupado quanto eles. Não consigo avaliar quão provável isto é".

Todas essas mentiras são, no mínimo, provas concretas de cooperação internacional".

75% - 80% da população é vacinada, "mas nada se sabe sobre segurança a longo prazo". Então, o que acontece quando as coisas dão errado? Você começa a se perguntar se alguém está de fato tentando matar um grande número de pessoas. Todas as mentiras que estão sendo ditas parecem indicar isso".

Em 2018 ou 2015, nunca teríamos feito todas essas coisas. Tudo foi concebido de uma só vez e espalhado ao redor do mundo em 2020. Todos os governos começaram a espalhar as mesmas mentiras ao mesmo tempo. Se alguém pode me explicar, mesmo assim, que tudo isso é uma coincidência? Vamos lá! No mínimo, esta é uma dura evidência de cooperação internacional, a nível supranacional. Portanto, em fevereiro (2020) já havia um plano para enganar você'.

Se seu governo faz algo estúpido e ilegal, você tem duas opções.

Eu digo às pessoas: se seu governo faz algo que é a) estúpido, e b) ilegal, você tem duas opções. Uma: você alinha com isso, ou duas: você se levanta e luta contra isso. E é tão estúpido! Suponha que eu fui vacinado, então não preciso saber se você ou outra pessoa também foi vacinada, não é mesmo? Eu estou protegido, não estou? Se eu pegasse o vírus, ele seria destruído, certo?

39

"Então por que você tem que mostrar um passaporte de vacina? Quem quer isso? As pessoas que querem que você tome essa vacina são pessoas como (Tony) Blair, Bill Gates e outros. Blair renunciou com um escândalo, é um criminoso de guerra, e eu acho que permaneceu assim. Ele é um político, eu sou um cientista. Estou absolutamente convencido de que ninguém se beneficiará com estes passaportes de vacinas. É impressionante que a mídia nem se pergunte sobre isso, porque se o fizessem, perceberiam que não funciona, que é uma idéia estúpida".

Mas o que está acontecendo nesse ínterim? Pessoas em todos os lugares estão sendo colocadas sob grande pressão, indiretamente forçadas a se vacinarem - inclusive na Holanda. Isso é coerção, e não é permitido forçar as pessoas a se submeterem a um procedimento médico, e certamente não um procedimento experimental. Isso é explicitamente proibido no Código de Nuremberg e na lei internacional, que foi assinada por todos os países. Mas ainda assim eles o fazem".

Passaportes digitais de vacinas dão ao governo controle total sobre você.

Então o que estou dizendo é: não tome as vacinas Covid-19! E quanto aos passaportes vacinais, não consigo pensar em nada em meus 61 anos de idade que seja mais importante do que impedir que este sistema venha a existir. Porque se nos deixarmos enganar e pensarmos que temos que ter um desses aplicativos em nosso telefone para provar que você foi vacinado, então você terá a primeira identificação digital geral global, não haverá mais fronteiras, e eles poderão detê-lo por fazer qualquer coisa (ou chegar a qualquer lugar)'.

Se este sistema entrar, qualquer pessoa que possua este banco de dados terá total controle sobre você. Então eles podem proibir você de entrar em aviões, lojas ou postos de gasolina. Eles terão controle total sobre você, e se eles acharem que você não deve fazer algo, eles o impedirão, e não há nada que você possa fazer a respeito". Porque todos à sua volta estão participando e você não tem escolha".

O objetivo desta pandemia, das mentiras e das vacinas é fazer com que você tenha esta identificação digital. Uma vez que este sistema esteja instalado e funcionando, eles o forçarão a tomar "vacinas de reforço" (novas vacinas) com mentiras sobre mutações. Você NÃO precisa delas; estou aterrorizado com estas "vacinas de reforço". Estas não são vacinas. Bilhões de doses delas já estão sendo feitas'.

"O que acontecerá então? Então você receberá uma mensagem em seu smartphone dizendo-lhe para ir buscar esta ou aquela vacina dentro de 2 semanas. Você não? Então seu passaporte de vacinação expirará, e com ele, seu cartão de pagamento para entrar em uma loja ou posto de gasolina. Não estou dizendo que isso vai acontecer, mas pode. Há provas suficientes de que alguns jogadores muito maus estão envolvidos".

41

"E agora se as próximas vacinas contiverem algo para matá-lo?

E agora, e se na terceira, quarta ou quinta vacina houver algo destinado a matá-lo? Não sei, mas se eu quisesse criar um sistema com controle total e negação plausível, e injetar em bilhões de pessoas algo que as mate ao longo de meses ou anos, não consigo pensar em um plano melhor do que este".

Se você pensa: você ficou louco - mostre-me onde não sou lógico. Porque senão você está confiando em pessoas que são realmente tão ruins assim. E eu temo que essas pessoas existam. Sempre existiram, olhe para Pol Pot, os nazistas, Stalin, Argentina nos anos 70. Com o tempo, tem havido pessoas em todos os lugares que estão dispostas a matar outras pessoas para conseguir seu caminho. Tudo o que estou sugerindo agora é que isto também está acontecendo agora. A única diferença é que desta vez está acontecendo com tecnologia ao invés de armas, e por causa da Internet, praticamente todos neste planeta estão envolvidos".

Mas fora isso, são as mesmas pessoas corruptas e repugnantes com mentes criminosas. Acho que eles agora criaram este sistema que permite que isto aconteça. E mesmo que você acredite no governo: por favor, nunca concorde com passaportes de vacinas digitais para que eles possam ter total controle sobre você e mais tarde forçá-lo a ser injetado. Os

imunologistas dizem que estas não podem ser vacinas -
então o que são?'.

**Estes são assassinos em massa que não se importam
com um zero.**

Eu não sou uma pessoa religiosa, mas cheguei à
conclusão de que agora estou olhando para as faces do
Mal. As pessoas podem roubar, trapacear, invadir, as
pessoas podem fazer coisas más. Mas ESTE plano não
foi elaborado em 5 minutos. Se alguém está disposto a
assinar (ou executar) uma ordem (/ lei) que sabe que vai
custar, digamos, 20.000 pessoas, então você já decidiu
que é um assassino em massa, e não importa mais se
mais alguns zeros forem adicionados a isso e isso se
torna NOVE zeros (um bilhão)".

Aqueles que estão ouvindo isso pela primeira vez vão
pensar que estou ficando louco, mas estou tão calmo
quanto posso estar. Mentiram-nos sobre a gravidade do
vírus, o que não é nada perigoso. Os medicamentos
eficazes nos foram negados. Medidas como bloqueios e
máscaras de rosto são evidentemente ineficazes. Além
disso, a narrativa sobre variantes (/ mutações) não é
verdadeira. Portanto, mesmo que a vacina se tenha
revelado segura, você ainda está sendo enganado com
esta narrativa para o que eu acredito serem as portas
do inferno'.

Se alguém não quiser acreditar nisto: Ainda não
encontrei ninguém que tenha uma explicação benigna

para o que está sendo feito agora". Minhas conclusões sobre onde isto está levando podem estar erradas, mas não minhas conclusões de que isto está sendo feito de forma enganosa e deliberada, e que está prejudicando as pessoas".

Tenha pavor de seu governo e recupere sua liberdade.

No que diz respeito ao vírus, há pouco a temer. Ele praticamente desapareceu no mundo". O que você tem que temer é o seu governo. As pessoas que não lêem fontes alternativas de notícias pensam que o que o governo lhes diz é a verdade. Tenha pavor de seu governo; você DEVE retomar pacificamente suas liberdades. TÊM que devolvê-la a você, porque não a tiraram de você de uma maneira legal... e agora estão expondo você a vacinas muito perigosas'.

"Então, retomem pacificamente sua liberdade". Se você não o fizer, não sei onde isto vai acabar, mas não será bom".

Capítulo 6: Inflamação do coração?

Parabéns, você está destruindo por uma geração a confiança de TODAS as vacinas' - 'Número de casos de miocardite e pericardite 40 vezes maior do que o normal'.

O CDC dos EUA está realizando uma reunião de "emergência" sobre o número "inesperadamente" muito alto de crianças e adolescentes que desenvolveram inflamação cardíaca após terem sido injetados com uma "vacina" Covid-19 da Pfizer ou Moderna. Urgência" entre aspas, porque a reunião é só daqui a 7 dias. Enquanto isso, os pais ainda são instados a simplesmente levar seus filhos (a partir de 12 anos) a um local de injeção. O economista-histórico de Yale e premiado ex-jornalista e autor do New York Times Alex Berenson reage furiosamente: "Seus estúpidos, estúpidos idiotas. Tudo isto era tão previsível".

A "epidemia" de miocardite (inflamação do músculo cardíaco) e pericardite (inflamação do pericárdio) está ocorrendo principalmente entre homens jovens e rapazes adolescentes (16 - 24 anos de idade) que foram vacinados pela segunda vez. Recentemente, o CDC pediu aos profissionais de saúde que perguntassem aos pacientes com sintomas de inflamação cardíaca se eles haviam sido vacinados recentemente contra a Covid-19.

800 casos de infecções cardíacas relatados, mas presumivelmente muitos mais

O banco de dados VAERS que rastreia as 800 infecções cardíacas foi atualizado até 31 de maio, portanto, enquanto isso, o número de adolescentes e crianças que foram afetados por isso graças à vacinação só terá crescido.

Além disso, historicamente, apenas 1% a um máximo de 10% do número real de vítimas da vacina estão incluídos neste banco de dados. Isto se deve, em parte, porque as pessoas que ainda adoecem (mortalmente) ou morrem algum tempo depois de sua vacinação não são mais contadas, e os médicos e pesquisadores (como na Europa e no resto do mundo) são fortemente desencorajados de vincular os casos de doença a uma vacinação, mesmo que ela tenha sido administrada apenas recentemente.

As pessoas que sofrem de miocardite geralmente têm que ser hospitalizadas. De 285 pacientes registrados, diz-se agora que 270 foram mandados para casa novamente. 15 deles ainda estão no hospital. Normalmente, apenas 2 a 19 crianças de 16 e 17 anos "deveriam" ter contraído miocardite, mas o número real (até 31 de maio) é 79. Para a faixa etária de 18 a 24 anos, o número 'aceito' é de 8 a 83, mas na realidade 196 pessoas foram afetadas.

A FDA registrou 42 casos de miocardite/pericardite nos 42 dias após a vacinação em 3,1 milhões de pessoas entre 12 e 64 anos de idade. Entre aqueles com mais de

65 anos, o número era de 1260. Autoridades federais e médicos preocupados consideram o número de reações adversas, embora muitas vezes superior ao normal em todas as áreas, ainda "aceitável", e assim a expectativa geral é de que a vacinação continue como de costume. A única consideração é dar apenas uma dose a crianças de até 20 anos de idade, ou reduzir a dose, ou prolongar o tempo entre as injeções.

"Parabéns, você está destruindo TODAS as confianças em TODAS as vacinas por uma geração".

Berenson, autor de "Tell Your Children": A Verdade sobre a Maconha, Doença Mental e Violência", entre outros livros, está chocado com as autoridades: "Parabéns, seus idiotas". Vocês estão prestes a destruir a confiança de uma geração em TODAS as vacinas e em TODAS as medidas de saúde pública".

Bem, essa confiança desapareceu há muito tempo em um número crescente de pessoas, Sr. Berenson, como evidenciado pelo fato de que os americanos tiveram que ser persuadidos ultimamente com bilhetes gratuitos de loteria, bônus e todos os tipos de festivais de prêmios para irem buscar seus "shots".

Berens analisou todas as estatísticas, concluindo que a incidência de doenças cardíacas entre crianças e adolescentes é até 40 vezes maior do que o normal. E considere que a maioria dos efeitos colaterais não são relatados, mesmo que sejam graves".

O autor escreve que está por trás de uma ação judicial de um estudante que está processando sua escola particular por exigir que todos os estudantes sejam vacinados contra a Covid-19. Um leitor já ofereceu 25.000 dólares em apoio. Em todos os Estados Unidos, numerosas escolas e universidades já estão mandando vacinar.

Israel: 275 casos

No mesmo dia (1º de junho), o Ministério da Saúde de Israel relatou 275 casos de infecção cardíaca (novamente, a maioria de jovens de 16 a 30 anos) em mais de 5 milhões de vacinações. Isto pode parecer pequeno, mas o mesmo sistema de registro enganoso é usado aqui: apenas as pessoas que adoecem logo após sua vacinação são contadas, embora seja sabido cientificamente há muito tempo que as pessoas podem adoecer como resultado de vacinações vários meses ou mesmo anos depois.

Capítulo 7: Restrições de vacina?

As viagens aéreas para pessoas comuns têm sido um espinho no lado do culto globalista da vacina contra o clima há anos. Agora, ao que parece, estão sendo tomadas medidas para pôr um fim a isso de uma vez por todas sob o pretexto de "saúde" e "segurança". As pessoas vacinadas têm aumentado o risco de hemorragia cerebral ou ataque cardíaco e os pilotos europeus estão trancados em quartos de hotel apesar das vacinas.

As companhias aéreas na Espanha e na Rússia começaram a alertar as pessoas vacinadas para não entrarem em um avião. Eles podem até ser atingidos com uma zona de interdição de voo. A razão é que as pessoas vacinadas correm um risco extra de coágulos de sangue (DVT: Trombose Venosa Profunda) em cabines pressurizadas de alta altitude, e podem, portanto, sofrer uma hemorragia cerebral ou ataque cardíaco mais rapidamente.

O CDC dos EUA tem um aviso geral em seu site para pessoas que viajam por mais de quatro horas de avião: "Mais de 300 milhões de pessoas viajam anualmente em vôos de longo curso (geralmente mais de quatro horas)". Coágulos de sangue, também chamados DVT (trombose venosa profunda), podem ser um sério risco para alguns viajantes de longa distância... Qualquer pessoa que viaja por mais de quatro horas, seja de avião, carro, ônibus ou trem, pode estar correndo o risco de coágulos de sangue.

O fim para quase TODAS as viagens?

O fato de o carro, o ônibus e o trem terem sido adicionados a essa lista (na qual não há cabines pressurizadas) faz muitas pessoas se perguntarem se a seita globalista de vacinas climáticas pretende, sob o pretexto de "saúde" e "clima", pôr um fim a quase TODAS as viagens (exceto a elas mesmas, é claro).

Inicialmente, o plano era permitir que somente pessoas vacinadas pudessem ter acesso novamente aos vôos internacionais. Agora que se verifica que elas estão realmente correndo um risco maior, surge a questão de saber se não era de fato a intenção, desde o início, de pôr um fim a pelo menos 90% das viagens aéreas.

Os pilotos são trancados em quartos de hotel, apesar das vacinações

Apesar de suas vacinas, os pilotos e outros membros da tripulação na Europa são trancados em quartos de hotel imediatamente após a chegada a um aeroporto. Na maioria dos casos, eles não estão autorizados a deixar o aeroporto. Em março, a Agência Européia de Segurança da Aviação (EASA) recomendou que os pilotos vacinados também fossem colocados em quarentena por pelo menos dois dias antes do embarque.

Uma vez que os pilotos vacinados passam muito mais tempo "no ar" e, portanto, correm um risco ainda maior, isto levanta a questão de se as viagens aéreas não se tornaram permanentemente mais inseguras.

As companhias aéreas australianas negam que haja maior risco

O economista americano Martin Armstrong escreve sobre ter um amigo que foi vacinado contra a Covid, e depois sofreu um coágulo de sangue que ele teve que remover cirurgicamente.

De acordo com o UK Evening Standard, o risco é o mesmo para pessoas vacinadas e não vacinadas. As companhias aéreas australianas afirmam que isso não é verdade, e você pode simplesmente voar se estiver vacinado. É claro que eles não estão interessados na segurança das pessoas', responde Armstrong. Eles só querem se manter à tona. Foram registradas mortes por coágulos de sangue depois que as pessoas foram vacinadas, sem voar. Outros descobriram que as mortes por coágulos de sangue freqüentemente tinham coágulos de sangue".

Os políticos nunca admitirão seus erros; não há mais ninguém em quem possamos confiar".

Como em tudo ao redor de Covid, não há informações realmente difíceis. Provavelmente também não teremos nenhuma, porque o governo está empurrando

51

a vacina. Os políticos NUNCA irão admitir seus erros, não importa quantas pessoas morram. Eles não podem ser processados, porque controlam todo o processo (judicial), e a mídia também não ajuda".

Armstrong escreve que ele prefere permanecer normal. *"Se eu nunca mais tiver que sair de casa - tudo bem". De qualquer forma, já estou farto deste mundo louco". Vou esperar pacientemente pela nuvem de cogumelos que remove a ameaça à humanidade e sinaliza que está tudo acabado. Simplesmente não há mais ninguém nas autoridades em quem possamos confiar".*

Capítulo 8: Os EUA e a China trabalhando juntos?

Por que a China NÃO utilizou a desafiada tecnologia mRNA/DNA em suas próprias vacinas? - Diretor do NIH: 'SARS-1 e MERS também vêm de lá'.

E mais uma "teoria da conspiração" que se revela um fato difícil, expondo assim mais uma mentira perpetuada durante meses pela grande mídia e pelos políticos. O Dr. Francis Collins, atual diretor dos Institutos Nacionais Americanos de Saúde (NIH), admitiu francamente em uma entrevista que os americanos e os chineses colaboraram para tornar o coronavírus mais contagioso para os humanos ("ganho de função") no laboratório do biohazard-4 em Wuhan. O Dr. Anthony Fauci, que está com problemas cada vez maiores por causa de suas muitas mentiras que agora foram comprovadas, negou ao Senado em março que ele e seu colega Collins tinham financiado a pesquisa de "ganho de função" no laboratório de Wuhan. Agora ele parece ter cometido perjúrio em relação a isso.

A 'SARS e MERS vêm de lá'.

As declarações de Collins também são altamente incriminatórias para o Dr. Peter Daszak, que através de sua Ecohealth Alliance recebeu subsídios substanciais do NIH para financiar a pesquisa de "ganho de função" em Wuhan. Collins explicou em detalhes como o NIH e o Instituto de Virologia de Wuhan trabalham juntos. Ele insistiu que existe uma "boa razão" para isto, pois tanto a SARS-1 quanto a MERS "se originaram lá".

Mike 'Natural News' Adams ouve nisto que tanto a SARS quanto a MERS vêm do laboratório Wuhan, mas na minha opinião por 'lá' Collins significava a China em geral. De fato, a SARS-1 veio à tona pela primeira vez na China em 2003. Sua propagação foi posteriormente limitada a outros quatro países.

No entanto, a MERS foi detectada pela primeira vez na Arábia Saudita em 2012 (ver também nosso artigo de ontem): As revistas médicas anunciam uma nova pandemia em potencial: MERS-CoV). Adams tem razão, portanto, em se perguntar, afinal, se "Collins tem mais informações de que estes coronavírus relativamente novos e mortais (SARS, MERS) vieram ambos do laboratório Wuhan?

A teoria da conspiração se revela um fato difícil

Dr. Collins, Daszak e Fauci trabalharam diretamente com a infame "senhora morcego" Dr. Shi Zhengli, que é financiada e recompensada pelo Partido Comunista Chinês (CCP), de acordo com relatos da imprensa do laboratório Wuhan. O Instituto Wuhan de Virologia também é o centro de um "Grupo da Frente Unida" estabelecido para neutralizar todas as potenciais oposições e críticas ao PCC. Quando o laboratório foi identificado como uma possível fonte do coronavírus no ano passado, a China bloqueou uma investigação da

OMS sobre o mesmo. Então, durante meses, o Dr. Fauci proclamou as agora comprovadas mentiras cristalinas, e até cometeu perjúrio a respeito disso.

O mesmo se aplica ao Dr. Daszak, regularmente citado na mídia ocidental, que insistia que uma origem artificial do vírus, ou seja, um "vazamento de laboratório" - intencional ou não - era uma "teoria da conspiração". Os cientistas que apontaram as muitas inconsistências e evidências factuais de que a teoria da sopa de morcego ou do mercado de frutos do mar, também aceita como "verdadeira" na Europa, é um puro disparate, foram virulentamente atacados e enegrecidos. Isto aconteceu até com o descobridor do HIV e ganhador do Prêmio Nobel Luc Montagnier.

Caminhando em "fábricas COVID

Fauci, Daszak e outros cientistas do sistema também foram todos para injetar "vacinas" de manipulação genética experimental em toda a população mundial, que agora demonstraram transformar as pessoas em "fábricas de espigões" ambulantes que também são "galpões" (exalados) no meio ambiente. Em artigos anteriores apontamos o número crescente de estudos e relatórios científicos que indicam que esses "espigões" exalados também podem causar danos à saúde de pessoas não vacinadas.

Se isso for colocado à luz dos "Arquivos Fauci" vazados, dos quais surgiu que o coronavírus já era referido internamente como uma "arma biológica" criada deliberadamente em 11 de março de 2020, então emerge um quadro aterrador que provavelmente é demais para a maioria das pessoas aceitarem tudo ao mesmo tempo.

As vacinas chinesas não contêm mRNA - por que não ali, e aqui?

Considere o seguinte: logo após o surto da pandemia de Corona, a China compartilhou com o mundo todas as informações sobre o (suposto) vírus SARS-CoV-2, incluindo o plano completo de construção genética. Com base nisso, novas vacinas baseadas na tecnologia mRNA e DNA, nunca utilizadas ou testadas em humanos, foram desenvolvidas na América, Europa, Rússia e Índia, com as quais o maior experimento médico da história está agora sendo conduzido, injetando o maior número possível de pessoas e até mesmo crianças com ele.

No entanto, as vacinas chinesas não contêm esta tecnologia mRNA/DNA. Ali, a sociedade e a economia estão funcionando normalmente há bastante tempo. Qual poderia ser a razão pela qual os chineses não quiseram injetar instruções do mRNA em sua população? Será que eles estavam plenamente conscientes dos riscos gigantescos que isso implicaria?

Uma pergunta ainda mais importante: por que foi e é feita aqui?

Capítulo 9: Nenhuma fuga?

Membro do governo canadense revelou o roteiro global para o comunismo totalitário em outubro de 2020, no qual ninguém possui nada e todos devem ser obrigatoriamente vacinados!

Mais um país confirmando uma tendência particularmente preocupante: após o início da campanha de vacinação Covid-19, o número de doentes e mortos explode em Taiwan. O mesmo aconteceu antes na Índia, Chile e Seychelles, entre outros, onde mais tiros (AstraZeneca) foram distribuídos do que as pessoas vivem, após o que houve 146 vezes mais mortes em 4 meses do que da Corona no ano passado. E como temos previsto há tanto tempo, as autoridades se recusam a apontar as vacinas como a causa, por mais óbvia que seja a ligação estatística. Mas as "vacinas" - desculpa: terapia/manipulação genética experimental - são agora declaradas intocáveis e sacrossantas, e por isso é realmente alegado que é devido a uma mutação.

Taiwan se viu livre da coroa no início deste ano. Quase ninguém mais morreu de Covid-19, quase não havia pessoas doentes, e a vida voltou ao normal - exceto as máscaras da boca miserável, que ainda tinham que ser usadas em lugares públicos. A razão disto só pode ser adivinhada, pois não havia nenhuma médica.

Apesar de o enésimo vírus respiratório estar sob controle, o governo ainda iniciou uma campanha

maciça de vacinação. Isto começou muito lentamente
em meados de março, mas a partir de maio, o número
de pessoas que foram injetadas com a manipulação
experimental do mRNA/DNA subitamente disparou.

EXATAMENTE naquele momento, o número de "casos"
e mortes também disparou.

**Membro do governo canadense revelou em outubro
um roteiro para o comunismo totalitário**

O apresentador de rádio americano Hal Turner cita uma
carta aberta de outubro de 2020 de um membro do
governo canadense, que também publicamos na época.
Aqui novamente as partes mais importantes da mesma:

Quero lhe dar informações muito importantes. Sou um
membro do comitê do Partido Liberal do Canadá. Faço
parte de vários grupos de comitês, mas as informações
que dou vêm do Comitê do Plano Estratégico (que é
controlado pelo PMO)". Esse é o gabinete do Primeiro
Ministro da esquerda-liberal Justin Trudeau, cujo
parlamento se deu agora poder ilimitado e um mandato
ilimitado sem eleições, enquanto houver ainda uma
'pandemia'. Trudeau tornou-se assim o primeiro ditador
de fato do Canadá.

Eles deixaram muito claro que nada pode impedir o
resultado planejado. O roteiro e os objetivos foram
elaborados pelo primeiro-ministro e seguem o

seguinte:' (período planejado: final de 2020 - final de 2021)

* 'Introduzir gradualmente as segundas restrições de bloqueio. Comece pelas grandes áreas urbanas primeiro, e depois expanda;

* Obter ou construir instalações de isolamento em cada província a um ritmo rápido;

* Aumentar rapidamente o número de novos "casos Covid" e "mortes Covid" para que não haja mais capacidade de teste suficiente;

* Completo e total segundo bloqueio em 2021, o que é muito mais severo que o primeiro na primavera de 2020;

* Apresentar a mutação PLANETA Covid-19 ou 'reinfecção' com um segundo vírus (possivelmente chamado Covid-21 (ou talvez SARS-3 ou MERS-CoV)), levando a uma TERCEIRA onda com uma taxa de mortalidade muito mais alta e uma taxa de infecção ainda mais alta;

* O sistema de saúde está inundado de pacientes Covid-19 / Covid-21;

* TERCEIRO bloqueio com medidas ainda mais rigorosas, tais como uma parada completa em TODAS as viagens (segundo/terceiro trimestre de 2021);

59

* Implementar a renda básica universal (para as dezenas de milhões de novos desempregados que perderão seus empregos permanentemente como resultado desta política. Esta UBI será completamente digital, permitindo apenas que você permaneça vivo e veja TV);

* colapso das linhas de abastecimento, grande escassez (lojas, supermercados, online, etc.), grande instabilidade econômica, seguida de caos, pânico e deslocamento total;

* Desdobrar os militares e estabelecer pontos de controle em todas as principais estradas. Viajar permanentemente extremamente restrito (somente por passe / permissão). (Terceiro / quarto trimestre de 2021)'.

Dependendo da situação geopolítica, a linha do tempo ainda poderia mudar (por exemplo, 2021 também poderia ser 2022 ou 2023), mas "foi-nos dito que para iniciar este colapso econômico real em escala internacional, o governo federal vai oferecer aos canadenses um cancelamento total da dívida". Mas isso vem a um preço muito alto: qualquer um que reclamar desiste para sempre de todos os direitos a todas as formas de propriedade, e se compromete a tomar todas as vacinas oferecidas.

Inicialmente, os refugiados terão que viver sob restrições muito rígidas de bloqueio por tempo indeterminado, e assim permanecer em casa permanentemente. Mas isso só durará por um curto período, pois uma vez que a maioria dos cidadãos tenha feito a "transição" (para a escravidão permanente sob um sistema global totalitário de controle comunista e transhumanista), "os refugiados serão caracterizados como uma ameaça à segurança pública, e transferidos para instalações de isolamento.
Ou, em outras palavras, aos campos de concentração.

Lá eles terão uma última chance de ainda "participar" do programa e ter todas as vacinações injetadas neles. Caso contrário, eles permanecerão presos permanentemente e perderão todos os seus bens e direitos. No final, o Primeiro Ministro deu a entender que toda esta agenda será levada adiante, independentemente de concordarmos ou não com ela. E isto não está acontecendo apenas no Canadá". Todos os países terão roteiros e agendas semelhantes. Eles querem aproveitar a situação para fazer mudanças em larga escala" (um reajuste financeiro com a moeda mundial do FMI, o "Great Reset", "Build Back Better", UN Agenda 2030, o "Green New Deal").

Após o colapso econômico propositalmente iniciado, muitos das dezenas de milhões de seguidores do sistema desempregados estarão ansiosos por um emprego de camisa marrom BOA-Sturmabteilung no governo, após o que imporão o cenário acima aos concidadãos indisponíveis com crueldade impiedosa. Amigos, vizinhos, colegas, família e parentes, estudantes e crianças em idade escolar trairão uns aos outros "para o bem maior" e ficarão felizes que as "ameaças à sua saúde" serão eliminadas de vez. (Veja também: Foi assim que Reichsmarschall Göring conseguiu que o povo dissesse: "Assuste-os e diga-lhes que os reféns são um perigo") e a política da Corona despedaça as famílias e amigos, exatamente como foi feito na RDA).

Precisamente porque a maioria das pessoas ainda se recusa a acreditar que isso pode e nunca mais acontecerá, que somos mais civilizados hoje em dia e nunca mais cometeremos tais atrocidades, isso ameaça acontecer de novo. A única coisa que pode parar todo este processo, este plano pérfido preconcebido, é uma consciência maciça, seguida por uma consciência maciça (mas repetimos: definitivamente não-violenta!) NÃO.

Capítulo 10: A próxima pandemia?

A MERS-CoV teve uma taxa de mortalidade de 40% em 2012 - variante africana tornada contagiosa para os seres humanos através da engenharia genética - repetição de 2020, complementada por testes obrigatórios e vacinações obrigatórias para todos? - Previsível: a política e a mídia culparão as pessoas não vacinadas

Exatamente de acordo com o cenário que temos descrito muitas vezes desde o ano passado, as revistas médicas estão anunciando a próxima pandemia, agora que a Covid-19 parece estar de saída: MERS-CoV. Portanto, podemos esperar uma repetição de tudo, desde o assustadorismo deliberado do ano passado até a propaganda de desinformação na grande mídia e uma corrida para o sistema de saúde, após o que serão tomadas medidas "naturais" como novos bloqueios rígidos, complementados por testes obrigatórios e vacinações obrigatórias para todos. Porque novamente, a principal intenção desta pandemia parece ser injetar a todos com mais uma série de novas vacinas experimentais.

Não se engane, esta não será a última vez que o mundo enfrenta a ameaça de uma pandemia", disse Tedros à Assembléia Geral da ONU dos ministros da saúde dos 194 estados membros no início deste ano. É uma certeza evolucionária que haverá outro vírus com o potencial de ser ainda mais infeccioso e mortal que este".

De fato, esse outro vírus já poderia estar chegando. Uma equipe internacional de pesquisadores descobriu que a Síndrome Respiratória do Oriente Médio (MERS) está a apenas algumas mutações de se tornar uma grave pandemia. Em seu artigo, publicado em Proceedings of the National Academy of Sciences, eles descrevem suas pesquisas sobre várias variantes da MERS.

A MERS-CoV surgiu pela primeira vez na Arábia Saudita em 2012, e diz-se que é particularmente mortal. Cerca de 40% dos primeiros pacientes morreram de suas infecções, que supostamente foram causadas principalmente por dromedários infectados. E por coincidência ou não, também foram encontradas evidências de que os morcegos haviam infectado os camelos. Segundo os pesquisadores, 80% de todos os dromedários testados (70% vivem na África) agora têm anticorpos em seu sangue.

Variante africana tornada contagiosa para os seres humanos através da engenharia genética

O surto de MERS-CoV não recebeu muita atenção porque não haveria contaminação de humano para humano. Os cientistas investigaram por que não havia muitos mais africanos - dadas suas muitas interações com os dromedários - que não haviam sido infectados.

Lá, o vírus circula principalmente em dromedários no Marrocos, Nigéria, Etiópia e Burkina Fasso. Foram coletadas amostras e descobriu-se que as variantes que ocorrem na Arábia podem ser facilmente transmitidas de pessoa a pessoa, mas não as da África.

A diferença entre as variantes está nos aminoácidos da proteína S. Ao modificar geneticamente a variante africana de modo que ela tivesse os mesmos aminoácidos "árabes", eles conseguiram tornar a variante africana mais infecciosa também para as células humanas. A grande questão não solicitada, é claro, é: por que você gostaria de fazer isso? Por que você quereria tornar um vírus que é (quase) inofensivo aos humanos muito mais infeccioso, como aconteceu com o coronavírus?

De qualquer forma, os pesquisadores pensam que a razão pela qual as variantes no Oriente Médio ainda não sofreram mutações para infectar muitas pessoas é que o comércio de dromedários vai quase exclusivamente de um lado, da África para o Oriente Médio. Entretanto, eles advertem que se esse comércio se inverter em algum momento, ou se outro animal também se tornar um portador e for comercializado para a África, podem ocorrer mutações que podem causar uma pandemia mortal. (1)

Vírus no top 10 da OMS

O MERS-CoV é muito semelhante ao SARS-1 e também causa sintomas respiratórios muito graves. Entre os seres humanos, ainda tem uma taxa de mortalidade de 35%. Ainda não há tratamento ou vacina. Desde 2012, mais de 2.100 pessoas foram infectadas com MERS-CoV, das quais 813 morreram. O vírus está agora no top 10 da lista de doenças emergentes da OMS que devem ser investigadas com a maior prioridade (2).

SPARS = MERS-CoV ou SARS-3?

No final do ano passado, o possível sucessor do Covid-19 já havia sido anunciado: SPARS. Em uma simulação feita pela Universidade Johns Hopkins, esta pandemia irrompe em 2025, e dura até 2028.

A pandemia SPARS 2025 - 2028; Um Cenário Futurista para Comunicadores de Riscos à Saúde Pública" (PDF, 2017) foi uma simulação semelhante ao último "Evento 201" em outubro de 2019, quando cada detalhe foi praticado no gerenciamento de um surto global com um coronavírus, que, de acordo com a previsão de trabalho, mataria 65 milhões de pessoas. Essa 'simulação', como todos sabem, tornou-se uma realidade em quase todos os aspectos (apenas o número de mortes, felizmente, permanece muito atrás (ainda?)).

De fato, um documento do Banco Mundial afirma que o atual 'projeto' chamado 'Covid-19 Programa de Preparação e Resposta Estratégica (SPRP)' durará até 31 de março de 2025. Somente então o SARS-CoV-2 /

Covid-19 presumivelmente será declarado definitivamente "acabado", embora o Covid também possa ser sucedido pelo MERS-CoV nesse ínterim.

Depois disso, o sucessor poderia começar a aparecer imediatamente: SPARS, que é uma referência à cidade norte-americana de St. Paul, onde este futuro coronavírus surgirá pela primeira vez de acordo com a simulação. Este novo vírus será, naturalmente, renomeado em ou por volta de 2025, e poderá também recomeçar na Ásia, por exemplo. Entretanto, ele também pode se tornar SARS-3, que já está pronto em um laboratório italiano.

Portanto, não é improvável que o SPARS se torne realmente SARS-3 ou MERS-CoV. 2025 foi apenas um ano fictício, que poderia facilmente tornar-se 2023 ou mais cedo. A simulação da SPARS também falou de uma vacina chamada COROVAX como a solução desejada para deter esta "pandemia", e que seria introduzida no cenário em julho de 2026. Três anos após este documento de 2017, uma vacina COROVAX estava literalmente sendo desenvolvida.

É assim que os anti-vaxxers seriam convencidos

Uma semelhança notável com a SRA-CoV-2 / Covid-19 é que a infecção fictícia SPARS (/ infecção MERS-CoV ou SRA-S-3?) é freqüentemente seguida por uma pneumonia bacteriológica grave (pg. 57). Também descreve como um conhecido anti-vaxxer "vê a luz" depois que seu filho infantil desenvolve pneumonia severa, e cura somente após a administração de medicação regular. As autoridades então usam histórias como esta para convencer os oponentes da vacina.

Similaridade surpreendente com 2020-2021: "... vários políticos influentes e representantes de instituições ficaram debaixo de fogo por sentirem a gravidade do evento para certo ganho político... Um amplo movimento de mídia social, liderado principalmente por pais sinceros de crianças afetadas, juntamente com a desconfiança generalizada de 'Grandes Farma', apoiou a narrativa de que o desenvolvimento de SPARS MCMs (vacinas) era desnecessário, e impulsionado por alguns indivíduos em busca de lucro'.

Também apontou para "teorias conspiratórias" de que este vírus também foi criado intencionalmente e/ou deliberadamente desencadeado sobre a população pelo governo como uma arma biológica (pág. 66). Enquanto isso, os 'Fauci Files', publicados até mesmo pela grande mídia americana, revelaram que o coronavírus foi chamado internamente de arma biológica criada deliberadamente já em 11 de março de 2020.

Os não vacinados serão logo culpados diretamente

Os fabricantes farmacêuticos, que provaram durante o ano passado como a vacinação extremamente lucrativa durante uma p(l)andemia pode ser, estão ocupados com o desenvolvimento de novas vacinas. A Bloomberg apontou a GlaxoSmithKline (e a parceira Sanofi) no final de maio, que já está fazendo a próxima geração de vacinas Covid. De acordo com Roger Connor, chefe do desenvolvimento de vacinas, um período experimental de uma nova vacina para mais de 37.000 pessoas deveria começar já em junho.

Dadas as reações cada vez mais duras e muitas vezes chocantes na sociedade às pessoas que se recusam a ser vacinadas contra a Covid-19 (as chamadas para vacinações forçadas estão ficando mais altas, e as primeiras chamadas para colocar os reféns em acampamentos também foram ouvidas), pensamos que já passamos da fase de "convencer" os anti-vaxxers, e logo, se esta próxima pandemia vier de fato, iremos diretamente culpar abertamente falsamente as pessoas não vacinadas pelos políticos e pela mídia.

Suponha que as vacinas realmente causarão enormes problemas de saúde, como os principais cientistas e outros especialistas vêm prevendo há meses (veja nossos muitos artigos sobre este assunto). Então, haverá uma nova série de cuidados de saúde e hospitais, após a qual medidas severas serão novamente tomadas. Na TV, os "cientistas" aprovados pelo complexo farma-vacina afirmarão que não é por causa das vacinas, mas por causa de uma mutação que pôde surgir graças às pessoas não vacinadas.

Capítulo 11: Sars 3

O Fórum Econômico Mundial, assim como a Organização Mundial da Saúde, surgiu como um dos mais veementes inimigos da liberdade e da humanidade.

Ataque cibernético planejado (bandeira falsa) do WEF para desestabilizar o sistema financeiro entre agosto de 2021 e março de 2022 - O próximo "vírus assassino" será o SARS-3, que já foi produzido em um laboratório italiano, ou SPARS?

A elite do poder global é tão capacitada por 90% da devoção servil e ingênua ingenuidade da população que nenhum esforço é feito para esconder a realidade de que um grande cenário planejado e predeterminado está realmente sendo promulgado.

O Diretor da OMS Tedros Adhanom Ghebreyesus, um comunista comprometido, está agora proclamando abertamente a próxima pandemia, que será "mais contagiosa e letal" do que a Covid-19, como você deve saber. As empresas farmacêuticas estão esfregando as palmas das mãos e já começaram a preparar e testar a próxima série de vacinas.

Não se engane, esta não é a última vez que o mundo enfrenta uma ameaça pandêmica", disse Tedros à Assembléia Geral da ONU de 194 ministros da saúde dos Estados membros. É uma certeza evolucionária que outro vírus surgirá que é muito mais contagioso e letal do que este".

A 'certeza evolutiva' foi um eufemismo para 'isto é o que nós, como o Covid-19, temos desenvolvido e planejado cuidadosamente em colaboração com o Fórum Econômico Mundial'. Talvez o outro vírus seja o SPARS, sobre o qual escrevemos no início deste ano e que deveria ter chegado em (cerca de) 2025? Será o SARS-3, que já foi produzido em uma instalação italiana e que pode ser divulgado ao público em geral a qualquer momento?

"O número de mortos está caindo, mas ainda não estamos fora de perigo".

Naturalmente, o chefe da OMS teve que declarar que o número de casos e mortes de Covid-19 vinha diminuindo constantemente nas últimas três semanas. Fazê-lo de outra forma deixaria muito claro que as imunizações estão tendo o efeito exatamente oposto em lugares como a Índia. Desde que as vacinas começaram, o número de mortes diárias subiu de 100 para quase 4500 a cada dia. As diretrizes para o teste de PCR muito usado foram "secretamente" modificadas em janeiro, ostensivamente para fazer as imunizações parecerem bem sucedidas.

As vacinas estão agora sendo avaliadas.

As empresas farmacêuticas, que viram como a vacinação pode ser rentável durante uma pandemia durante o último ano, já estão trabalhando em novas vacinações. Na última segunda-feira, a Bloomberg informou que a GlaxoSmithKline (juntamente com a parceira Sanofi) está trabalhando na próxima geração de vacinações Covid. De acordo com Roger Connor, chefe do desenvolvimento de vacinas, uma sessão experimental com uma nova vacina em mais de 37.000 pacientes começará já na próxima semana.

É necessário colocar a população de joelhos.

Agora é seguro dizer que a ordem globalista estabelecida, liderada pelo Fórum Econômico Mundial, as Nações Unidas, a Organização Mundial da Saúde, o Fundo Monetário Internacional, a União Européia e a aliança Gavi, e apoiada por quase todos os partidos políticos, lançou um ataque frontal contra a humanidade. Como devem saber, a Fase 2 desta pandemia já foi anunciada: um (falsa bandeira) ataque cibernético ao sistema financeiro ocidental (falido), bem como possivelmente ao fornecimento de energia, com o objetivo de colocar a população de joelhos e forçá-la a aceitar a "Grande Reposição" comunista ("Build Back Better"), ou a "Quarta Revolução Industrial" no âmbito da Agenda 21/2030 da ONU, sem resistência.

O WEF tem realizado simulações, semelhantes à simulação da pandemia de Corona em outubro de 2019 ("Evento 201"), para ver a melhor maneira de realizar tal ataque cibernético, que cortará a população de suas contas bancárias, possivelmente a Internet, e possivelmente até (partes de) seu suprimento de energia (e, portanto, transporte e suprimento de alimentos) por dias - talvez semanas - e como tirar o máximo proveito das conseqüências esperadas.

De acordo com Armstrong, o recente ataque cibernético ao Gasoduto Colonial nos Estados Unidos, que foi alegadamente bloqueado por hackers e depois liberado depois de pagar uma taxa de extorsão de US$ 5 milhões, também foi um teste para ver se o ataque cibernético planejado ao sistema financeiro poderia ser realizado desta forma. Agora eles podem argumentar que o malware é lucrativo e que todo o globo está em risco". Esse é o cenário mais provável neste momento'.

"Esta ameaça parece ser motivada pelo desejo de completar a Grande Reposição". Covid estava grosseiramente inflado, e aqueles por trás dos modelos falsos que foram usados para aplanar a economia global, estão fazendo muito para evitar a inflação deste perigo cibernético. A pergunta agora é, quando eles farão isso? Será este ano ou no próximo?

Capítulo 12: Supressão do sistema imunológico

Covid-19 é "principalmente uma doença vascular", de acordo com pesquisadores - Circulation Research: A lesão pulmonar é auxiliada pela proteína spike - Seu sistema imunológico está trabalhando contra você para protegê-lo da vacina.

Em uma publicação científica, pesquisadores do famoso Instituto Salk, que foi fundado pelo pioneiro da vacina Jonas Salk, admitem indiretamente que as vacinas Covid induzem coágulos de sangue que ameaçam a vida e prejudicam tanto os vasos sanguíneos quanto o sistema imunológico.

Observamos no início desta semana que um número crescente de cientistas de renome está chegando à opinião de que as vacinas são o maior perigo para a saúde humana.

Milhares de europeus e americanos já pagaram com suas vidas, e centenas de milhares com sua saúde, por sua participação "voluntária" na maior experiência "médica" da história.

No Ocidente, todas as vacinas Covid programam o corpo humano para criar a proteína spike, o elemento mais letal do suposto vírus SARS-CoV-2, com o objetivo de proteger os humanos contra as conseqüências prejudiciais da proteína spike.

Em resumo, fazemos seu corpó fabricar algo prejudicial para que ele gere anticorpos contra esse mesmo perigo, mas não temos idéia de como ou se esse processo alguma vez será interrompido.

Então por que não correr o "risco" de contrair o vírus, que comprovadamente não faz 99,7% da população ficar doente, se é que isso acontece? Não, em 2021, essa linha de raciocínio racional, historicamente incontroversa, é de repente tão antiquada. Não podemos mais confiar em nosso sistema imunológico natural e devemos, em vez disso, confiar no que é administrado através de uma seringa.

A 'Covid-19 é principalmente uma doença vascular', diz o pesquisador.

A indústria de vacinação, os políticos e a mídia continuam a insistir que a proteína do espigão é segura, mas o Instituto Salk estabeleceu agora que não é este o caso. Pelo contrário, os pesquisadores do Salk e outros colegas científicos advertem na publicação "A proteína do pico do novo coronavírus desempenha um papel extra crucial na doença" que a proteína do pico prejudica as células, "confirmando que a Covid-19 é em grande parte uma doença vascular".

Outra proteína de pico que já tirou tantas vidas?

Naturalmente, os cientistas da Salk estão proibidos de criticar diretamente as vacinas. É por isso que, de acordo com seu artigo, a proteína spike produzida pelas vacinas se comporta de maneira bem diferente da proteína spike produzida pelo suposto vírus.

Para começar, isto contradiz as alegações de todos os fabricantes de vacinas de que suas vacinas criam o mesmo pico de proteína. Em segundo lugar, lança dúvidas sobre a eficácia das vacinas, pois se a proteína do pico produzido pelas vacinas difere significativamente daquela produzida pelo vírus, qual é o objetivo da vacinação (assumindo, por enquanto, que estas "vacinas" geneticamente projetadas funcionam de todo)?

Do lado positivo, até mesmo os cientistas pró-vacina aceitam agora que a proteína do pico é responsável por um grande número de mortes e pessoas que sofrem de grandes efeitos colaterais e danos à saúde a longo prazo, muitas vezes permanentes. Em outras palavras, é uma admissão implícita que as vacinas Covid-19 são potencialmente fatais.

A proteína Spike causa lesões pulmonares, segundo pesquisa publicada na Circulation Research.

"A proteína do espigão SRA-Cov-2 prejudica a função endotelial ao inibir a ACE-2", de acordo com um estudo científico publicado na Circulation Research. O interior do coração e os vasos sanguíneos são revestidos com células edoteliais. Ao diminuir os receptores ACE-2, a proteína do espigão "promove lesão pulmonar". As células endoteliais nas artérias sanguíneas são danificadas, e o metabolismo é interrompido como resultado.

Os autores deste estudo também foram pró-vacinação, alegando que "anticorpos gerados pela vacina" podem proteger o corpo da proteína do espigão. Essencialmente, a proteína do espigão pode causar danos significativos às células vasculares, e o sistema imunológico pode neutralizar esses danos combatendo a proteína do espigão.

O sistema imunológico está tentando protegê-lo CONTRA a vacina

Em outras palavras, o sistema imunológico humano se esforça para defender o paciente dos efeitos negativos da vacina e das contra-reações, a fim de evitar que o paciente morra. Qualquer pessoa que sobrevive à vacina Covid deve isso à proteção de seu próprio sistema imunológico CONTRA a vacina, e não contra a própria vacina.

A vacinação é a arma', conclui Mike 'Natural News' Adams. Seu sistema imunológico o protege. Todas as vacinas Covid devem ser retiradas do mercado imediatamente e reavaliadas para efeitos negativos a longo prazo com base apenas nesta pesquisa".

De acordo com estatísticas oficiais da VAERS, o número de mortes relacionadas à vacinação nos Estados Unidos em 2021 será quase 4000 por cento maior do que o número total de mortes relacionadas à vacinação em 2020.

A vacina sagrada não é culpada por um ataque cardíaco ou uma hemorragia cerebral.

O seguinte mecanismo foi cientificamente comprovado e está agora estabelecido: as vacinas Covid-19 encorajam seu corpo a fabricar a proteína spike, que pode causar danos vasculares e coágulos sanguíneos, que podem se mover por todo o corpo e terminar em vários órgãos (coração, pulmões, cérebro, etc.). As pessoas que morrem como resultado disto são referidas como tendo tido um "ataque cardíaco", "coágulo de sangue" ou "hemorragia cerebral" - as vacinas sacrossantas podem e nunca devem ser culpadas, não importa quantas evidências existam hoje mostrando que são as principais razões.

Os recipientes das vacinas parecem oferecer um risco aos não vacinados, além da possibilidade de danos permanentes ou mortais para sua própria saúde. Muitos dos "wappies de coroa" que tiveram suas vacinas recentemente foram transformados em fábricas de espigões de caminhada," e agora podem exalar essas proteínas de espigões. Eles podem assim infectar outros através deste processo de 'derramamento'.

As vacinas com armas biológicas foram criadas pela administração do apartheid contra a população negra.

Há muito tempo as vacinas têm sido usadas como armas biológicas contra o público em geral. O governo do Apartheid da África do Sul criou a tecnologia subjacente a tal vacinação "auto-replicativa". Os cientistas estavam desenvolvendo vacinas "raciais" na época, com o objetivo de erradicar grande parte da população negra.

Este ano, a Escola de Saúde Pública Johns Hopkins Bloomberg propôs o uso de uma vacina auto-replicativa para 'vacinar' automaticamente toda a população mundial. Drones e robôs de IA seriam usados posteriormente para reforçar e monitorar o programa.

As pessoas que ainda estão ansiosas para se inscrever em um beco de vacinação para serem geneticamente modificadas para gerar uma proteína potencialmente ameaçadora de vida parecem ter sido completamente enganadas pela mídia e pelos políticos do sistema. Eles ficaram entorpecidos com todos os avisos e montanhas de provas, e não podem acreditar que o mundo está sendo governado por monstros inescrupulosos que não têm escrúpulos em cometer o potencialmente maior genocídio da história humana.

Capítulo 13: Passaportes e fichas

Uma entrevista de 2016 com o executivo sênior do WEF Klaus Schwab, na qual ele prevê que "dentro de 10 anos" um cartão de saúde global obrigatório será adotado, e todos terão microchips implantados, acrescenta à prova que a edição Covid-19 foi cuidadosamente preparada.

Schwab estava trabalhando em um plano há pelo menos cinco anos para criar um enorme surto de vírus e explorá-lo para estabelecer passaportes de saúde e vinculá-los a testes obrigatórios e vacinas, tudo de acordo com a abordagem de solução de problemas e reações. O objetivo é ter controle total sobre toda a população humana do planeta.

Dentro de 10 anos, teremos implantado microchips", disse Schwab há cinco anos.

Em 2016, um entrevistador de língua francesa lhe perguntou: "Estamos falando de chips implantáveis?" "Quando isso vai acontecer?".

Absolutamente nos próximos dez anos', disse Schwab. 'Vamos começar por colocá-los em nossas roupas'. Podemos imaginar a próxima imagem implantando-as em nosso cérebro ou pele'. O capataz do WEF comentou então sobre sua visão do homem e da máquina 'fundindo'.

No futuro, poderemos ser capazes de nos comunicar diretamente entre nossos cérebros e o mundo digital". Observamos uma fusão dos mundos físico, digital e biológico". As pessoas simplesmente terão que pensar em alguém no futuro para ser capaz de alcançá-lo diretamente através da 'nuvem'.

Não haverá mais pessoas biológicas com DNA natural no mundo transhumanista, que finalmente se tornará totalmente "digital". A "nuvem" será usada para armazenar os dados de todos.

A humanidade começou a ser reprogramada geneticamente.

A ordem econômica atual será destruída pelo "Grande Reposicionamento" de Schwab ("Build Back Better"). A iminente fusão financeira será explorada para lançar um novo sistema global baseado apenas em dinheiro e transações digitais. Este novo sistema será conectado com o mundo inteiro graças à tecnologia 5G. Os usuários serão impedidos de "comprar e vender", em outras palavras, da vida social.

No final da década de 2020, as 'vacinas' Covid-19 mRNA começaram a programar e manipular geneticamente a humanidade a fim de torná-la 'apta' a ser primeiramente ligada, depois integrada, a este sistema digital global, que, como você sabe, acredito ser o reino bíblico da 'Besta'.

81

Estas vacinas de alteração de gênero têm o potencial de eliminar seu livre arbítrio e capacidade de pensar por si mesmo, bem como seu desejo e capacidade de se conectar com o reino espiritual.

Perspectiva Cristã: A humanidade está desligada de Deus

De uma perspectiva cristã, a reprogramação do DNA humano através destas vacinas pode ser vista como a tentativa final de Satanás de separar permanentemente a humanidade de Deus. Esta parece ser a verdadeira explicação para o livro bíblico profético do Apocalipse que adverte que os indivíduos que levam esta "marca" perecerão.

Isto não é simplesmente por causa de um chip e uma sucessão de picaretas; é por causa do que essas picaretas farão com e dentro de você. Como resultado, Deus será incapaz de salvar aqueles cujas mentes (livre arbítrio) foram reprogramadas para a obediência total ("adoração"). Isso exigirá Sua intervenção, pois, caso contrário, a humanidade como um todo estará perdida para sempre.

Os falsos ensinamentos têm cegado uma grande parte do cristianismo.

O aspecto essencial desta trama desonesta, que está nas obras há muito tempo, foi a infiltração do cristianismo com uma série de ensinamentos falsos, com o objetivo de manter os crentes cegos até o fim dos tempos em preparação para o advento e estabelecimento do governo da Besta.

De fato, dezenas a centenas de milhões de cristãos, particularmente no Ocidente, acreditam que nunca terão que viver este período. Mesmo agora, quando a implementação deste sistema já começou, a maioria das pessoas se recusa a aceitá-lo. Com suas opiniões pró-vacinação, a maioria dos partidos e igrejas cristãs estão cooperando abertamente neste "Grande Reposicionamento" para o domínio da "Besta". Em termos teológicos, o Vaticano é o condutor mais poderoso e convencido disto.

Mas fomos enganados!' não é uma desculpa.

Talvez um paralelo bíblico possa ajudar algumas pessoas a entender? Gênesis 3, o conto da criação e a 'Queda', como nos é contada hoje: A serpente persuadiu Adão e Eva de que não lhes era permitido 'comer' a 'maçã', neste caso o signo, ou seja, não a ter picado neles (teste de raiz do 'signo': charagma = arranhão/alguma coisa com uma agulha = picada), mas a serpente os convenceu de que este signo não os condenaria, mas os transformaria em 'deuses'. Após serem persuadidos por esta falsidade, suas queixas contra Deus ("mas nos mentiram!") foram fúteis, e eles morreram lenta e dolorosamente. Eles podiam e deviam saber, portanto não tinham nenhuma justificativa.

Aceitar "o sinal", segundo a Bíblia, tem uma conseqüência ainda pior: a morte eterna. Deixar-se modificar geneticamente com vacinas contra mRNA e depois integrar-se a uma rede digital global, renunciando assim a todo controle sobre seu corpo e livre arbítrio, caberá a cada indivíduo decidir se o perigo vale a pena.

Capítulo 14: Não mais liberdade

A Administração Federal de Segurança e Saúde Ocupacional (OSHA) dos EUA está avisando aos empregadores que eles serão responsabilizados por qualquer dano à saúde de seus funcionários se eles forem obrigados a serem vacinados contra a Covid-19. Isto pode se tornar uma questão complicada também na Europa, uma vez que o governo rejeitou antecipadamente toda a responsabilidade governamental e a colocou no prato dos prestadores de serviços de saúde. Se no final nenhuma agência quiser assumir a responsabilidade, então, em vista dos direitos humanos, estas vacinas não podem ser, direta ou indiretamente, uma condição para obter ou ter um emprego, ou acesso a edifícios e eventos, como é agora a intenção.

Se um trabalhador americano for for forçado a ser injetado com estas terapias experimentais do gene mRNA embalado como "vacinas" e posteriormente for cego ou paralisado, ou mesmo morrer, esta lesão será considerada "relacionada ao trabalho", o que tornará seu empregador responsável. As diretrizes também estabelecem que os empregadores são obrigados a registrar (graves) efeitos colaterais e reações adversas após as vacinas Covid em seus empregados.

A nova diretiva da OSHA foi publicada em 20 de abril, e foi uma resposta às empresas e instituições que anunciaram que todos os seus funcionários terão que ser vacinados, como a rede do Hospital Metodista em Houston. Aqueles que se recusarem serão primeiro suspensos e depois demitidos.

As vacinas só têm autorização de emergência

Espera-se que esta organização hospitalar e muitos outros empregadores sejam processados se seguirem com estes planos e seus funcionários adoecerem ou morrerem posteriormente. De acordo com o sistema de registro VAERS, quase 200.000 americanos já sofreram danos à saúde devido às vacinas Covid-19, e quase 4.000 já morreram. Quase 20.000 foram gravemente feridos (doenças auto-imunes, paralisia, cegueira, a doença muscular ALS, Creutzfeld-Jakob, Alzheimer, etc.).

Os Médicos Frontline Americanos (AFLDS) advertem que as vacinas - como na Europa - têm apenas uma licença de emergência temporária, e só por essa razão não podem ser impostas a ninguém. A autorização de emergência da US Food & Drug Administration afirma especificamente que os indivíduos devem ter a livre escolha de aceitar ou recusar essas vacinas", explicou LifeSiteNews. Muitos apontam que qualquer demissão por recusa de vacinas prejudica absolutamente sua liberdade necessária".

Entretanto, o Tribunal Europeu de Direitos Humanos recentemente decidiu que as vacinações obrigatórias são legais. Ainda assim, mesmo na Holanda, nenhum trabalhador deve aceitar automaticamente que seu chefe exija a vacinação Covid-19 como condição para manter seu trabalho, ou continuar a fazer o trabalho para o qual você foi contratado.

Capítulo 15: Sem saúde

Alguns médicos são tão doutrinados e aterrorizados que eles mesmos culpam os doentes: "Meu empregador me pressionou muito para ser vacinado".

O Highwire, o programa americano de saúde na Internet de mais rápido crescimento que já tem mais de 75 milhões de telespectadores, recentemente focalizou a atenção em uma tendência preocupante nos EUA que também pode estar ocorrendo em outros países ocidentais. Na verdade, cada vez mais médicos se recusam a tratar pessoas que sofrem de efeitos colaterais graves e reações adversas após a vacinação com uma vacina Covid-19. A razão é óbvia: o establishment político e farmacêutico canonizou efetivamente estas vacinas manipuladas pelo gênero. Se as pessoas ficarem muito doentes ou até mesmo morrerem delas - nos EUA em 2021 já haverá 4000% mais vítimas da vacina do que em todo o ano de 2020 de todas as outras vacinas combinadas - então as instruções são que a culpa não pode e não deve ser da vacina. Os médicos que, no entanto, observam isto devem temer por seus empregos e carreiras.

Alguns médicos são tão doutrinados que eles mesmos culpam os doentes. Eles chamam as pessoas que sofrem graves efeitos colaterais após a vacinação de pacientes com um "distúrbio de conversão", com medo de colocar em seu prontuário que a vacina é a causa provável. (Ou, em outras palavras, "volte para casa, pequena senhora, porque está entre seus ouvidos").

Em 4 de janeiro, fui colocado sob grande pressão por meu empregador para ser vacinado", disse-me Shawn Skelton. Depois que ela cumpriu, ela experimentou imediatamente efeitos colaterais, tais como sintomas leves semelhantes aos da gripe. Mas, no final do dia, minhas pernas estavam doendo tanto que eu não aguentava mais. Quando acordei no dia seguinte, minha língua estava tremendo, e depois ficou cada vez pior. No dia seguinte, tive convulsões por todo o meu corpo. Isso durou 13 dias'.

Demasiado medo de nos tratar", dizem eles.

Um médico me disse que o diagnóstico era: 'Eu não sei o que há de errado com você, portanto nós o culpamos'", disse outro. Skelton elaborou. Os médicos simplesmente não sabem como lidar com os efeitos negativos da vacina contra o mRNA. Eu também acredito que eles estão aterrorizados com isso. Não sei por que nenhum médico quer nos ajudar".

Dois outros profissionais de saúde, Angelia Desselle e Kristi Simmonds tiveram experiências semelhantes. Elas também sofreram convulsões, e seus médicos também se recusaram a tratá-las. Um neurologista rejeitou a indicação por e-mail de Desselle para ele. Ele era um especialista em distúrbios do movimento, o que eu achei que precisava. Meu médico de cuidados primários disse que parecia que eu tinha Parkinson avançado. Mas ele respondeu por e-mail que tinha tarefas muito complexas, e não podia me ver naquela época".

Como outros médicos também mantiveram a porta fechada para ela, ela foi a um neurologista sem mencionar que tinha sido vacinada contra a Covid-19. Eu não queria ser mandada embora novamente. Mas está em meu prontuário médico, então quando olhou para ele, disse: "Então você tomou a vacina? E eu disse 'sim, mas eu não queria lhe dar essa informação porque preciso de ajuda'. Agora ela está finalmente recebendo tratamento para seus ataques de enxaqueca.
Na Europa, os médicos de clínica geral e especialistas estão sujeitos a regulamentações rigorosas.

Não sabemos se os médicos de clínica geral na Europa também se recusam a tratar pacientes vacinados que ficam indispostos. Eles estão, entretanto, proibidos de prescrever medicamentos comprovadamente eficazes e seguros a (suspeitos) pacientes corona, tais como hidroxicloroquina e Ivermectina. Nada deve ameaçar o programa de vacinação em massa "santo" - recuperação: programa de engenharia genética, afinal de contas.

Na Europa, os médicos de clínica geral e especialistas estão sujeitos a regulamentações rigorosas.

Não sabemos se os médicos de clínica geral na Europa também se recusam a tratar pacientes vacinados que ficam indispostos. Eles estão, entretanto, proibidos de prescrever medicamentos comprovadamente eficazes e seguros a (suspeitos) pacientes corona, tais como hidroxicloroquina e Ivermectina. Nada deve ameaçar o programa de vacinação em massa "santo" - recuperação: programa de engenharia genética, afinal de contas.

No início deste ano, o governo colocou qualquer responsabilidade pelas conseqüências das vacinações Covid sobre os ombros dos profissionais de saúde e das pessoas que são vacinadas com eles. Portanto, não é inconcebível que os profissionais de saúde e especialistas na Europa estejam relutantes em reconhecer, quanto mais tratar, as vítimas da vacinação como tal.

Capítulo 16: Atreva-se a falar

A vacinação durante uma pandemia era anteriormente considerada "impensável" na ciência - até o ano passado. Foi iniciada uma investigação sobre os riscos crescentes de infecção e morte entre as pessoas vacinadas.

As vacinas globais em massa contra a Covid-19 são "impensáveis", "inaceitáveis" e um "erro histórico", segundo Luc Montagnier, um virologista francês que ganhou o Prêmio Nobel em 2008 por descobrir o HIV. As vacinas são a causa das "variantes", e os indivíduos morrem devido à doença como resultado delas.

Isto não é um tremendo descuido? Foi tanto um erro científico quanto um erro médico. Montagnier observou em uma entrevista traduzida publicada na última terça-feira pela RAIR Foundation USA: "É um erro terrível". "Isto será documentado nos livros de história porque as mutações são causadas pela vacinação".

Muitos epidemiologistas estão cientes disso, mas permanecem em silêncio sobre o assunto, mesmo quando se trata de questões bem conhecidas como 'melhoramento dependente do corpo': 'São os anticorpos do vírus que permitem que a doença piore', declarou Montagnier no início deste mês em uma entrevista com Pierre Barnérias da Hold-Up Media.

Embora as variantes (mutações) se desenvolvam
naturalmente (mas virtualmente sempre se tornam
menos letais e, portanto, menos perigosas), as
vacinações Covid são agora os principais motores deste
processo. Qual é a função do vírus? Ele vai morrer ou
vai encontrar outra forma? As novas variações são
claramente formadas como resultado da intervenção de
certos anticorpos".

**A vacinação durante pandemias era considerada
'impensável' na ciência até o ano passado.**

A vacinação durante uma pandemia era antes
considerada "impensável" na ciência, porque ficou
provado que aumentava a quantidade de indivíduos
doentes e de mortes. As vacinações produziram e
resultaram em novas variações. Isso é algo que se vê em
todos os países; é o mesmo em todos os lugares.
Vacinações causam mortalidade em todos os países'.

Dados do Institute for Health Metrics and Evaluation da
Universidade de Washington foram utilizados em um
vídeo para destacar como o número de mortes
aumenta substancialmente em todos os países onde as
imunizações foram implementadas. Montagnier citou
dados oficiais da OMS mostrando que desde que as
imunizações foram iniciadas em janeiro, não apenas o
número de mortes, mas também o número de novas
infecções e de pessoas doentes aumentou
drasticamente, "particularmente entre os jovens".

Infecções e mortalidade após as vacinas estão sendo estudadas.

A trombose (coágulos de sangue) é uma das razões pelas quais numerosos países deixaram de usar a vacina AstraZeneca, de acordo com o ganhador do Prêmio Nobel. Ele também está trabalhando em um estudo sobre pessoas que adoecem com o coronavírus depois de serem vacinadas. Segundo o CDC, pelo menos 5.800 americanos tinham sido afetados pelo vírus até abril; 396 deles foram hospitalizados, e 74 morreram.

"Demonstrarei que eles estão desenvolvendo variações resistentes à vacina". Montagnier fez manchetes em abril de 2020 quando disse que o vírus SARS-CoV-2 tinha que ter sido criado em um laboratório. "A presença de elementos HIV e germes da malária no genoma do coronavírus é particularmente suspeita". Estas características do vírus não poderiam ter se desenvolvido espontaneamente". Em julho de 2020, ele publicou um estudo que apoiou sua idéia.

Existe um esquema de eutanásia em massa na obra?

O argumento de que as vacinas Covid-19 são mais parecidas com um programa de eutanásia em câmera lenta, que poderia resultar em genocídio aberto em uma escala sem precedentes a curto e médio prazo, parece cada vez mais justificado. As pessoas que foram vacinadas recentemente e afirmam que "nada as incomoda" esquecem que os danos (graves) da vacinação podem levar semanas, meses, ou até anos para se manifestarem.

Como o vírus ainda não foi isolado em nenhuma parte do mundo, alguns acreditam que o "novo coronavírus" é apenas um esquema massivo projetado para injetar pessoas com esta terapia genética experimental. Como resultado, as bases estão sendo lançadas para uma plataforma de programação transhumana de RNA-DNA que pode alterar, controlar ou aleijar permanentemente qualquer pessoa que tenha recebido estas vacinas.

Capítulo 17: Mandato de veneno

"Risco de intoxicação por gás fosgênio letal".

Os ingredientes da "vacina" Moderna Covid-19 foram liberados pelo Departamento de Saúde de Connecticut. De acordo com a bula, esta vacina contém "SM-102", que é "não aceitável para uso humano ou animal", de acordo com o fabricante. O produtor, Cayman Chemical Company, disse à OSHA que esta substância química produz 'envenenamento agudo' e é 'fatal em contato com a pele'. Com exposição prolongada ou repetida, o SM-102 "danifica o sistema nervoso central, os rins, o fígado e o sistema respiratório".

Em resumo, as pessoas que recebem esta vacina podem ficar envenenadas. Apesar disso, os esforços do governo e da mídia continuam a promover a segurança das vacinações.

A lista completa de ingredientes do Departamento de Saúde de Connecticut pode ser acessada on-line (arquivo aqui) (Natural News espelha o formulário de triagem pré-vacinação - V20, e a lista de ingredientes da vacina Covid-19 e o cronograma de proteína spike).

As diretrizes do governo para as instalações de saúde afirmam ainda mais que o risco de choque anafilático das vacinações é tão alto que todos os locais de vacinação devem ter em mãos medicamentos de resposta adversa severa. Perda de consciência, desorientação, confusão, fraqueza, diarréia, náuseas, vômitos, visão em túnel, ver flashes de luz, problemas auditivos e perda auditiva estão entre os muitos efeitos colaterais relatados. (E isto para um vírus que é completamente inofensivo para 99,7% da população).

SM-102

Após publicar estas informações, Hal Turner recebeu inúmeros e-mails de pessoas afirmando que as advertências SM-102 se aplicam apenas ao clorofórmio, não à vacinação Covid da Moderna. O SM-102 é o terceiro elemento mais prevalente na lista de ingredientes da 'vacina' Moderna, e é o componente, de acordo com a Cayman Chemical Company'.

"Intoxicação por gás fosgênio mortal

O clorofórmio, como qualquer outro químico, se degrada. Quando entra em contato com o oxigênio, ele se decompõe em gás fosgênio', que é um 'gás muito venenoso (uma mistura de monóxido de carbono e cloro) que se liquefaz a +8 graus', de acordo com o Dicionário Van Dale Large. Com apenas 7 partes por milhão, ele é fatal (7 partes por milhão).

"Como resultado, todos que recebem esta injeção podem adquirir clorofórmio, que pode então se decompor em gás fosgênio à medida que este circula por seus corpos". Algumas, talvez muitas, pessoas podem atingir um limiar mortal de gás fosgênio em seu corpo e morrer como resultado, possivelmente dentro de 180 dias após sua segunda dose".

O envenenamento por fosgênio pode potencialmente levar à formação de uma embolia pulmonar. Os pulmões do paciente se enchem de líquido, impossibilitando que ele ou ela respire - exatamente o que ocorreu com os graves portadores de Covid-19 no ano passado, colocando-os no hospital e necessitando de suporte de vida.

"Que técnica engenhosa para despovoar o mundo - ninguém percebe".

Uma vez que essas pessoas caem no chão como moscas, as mesmas pessoas que nos deram a vacina podem facilmente culpá-la por uma variação da Covid', concluiu Turner. 'Quão trágico eles morreram em conseqüência desta mutação, da qual a vacina não conseguiu protegê-los'. Seria este o caso da "negação plausível" de um assassinato em massa? Tome sua própria decisão". (Ou está sendo usada para forçar mais uma vacina no público).

Turner conclui, "Que método fantástico para despovoar o mundo". "Ninguém nota porque as mortes e a picada ocorrem durante um longo período de tempo, e os sintomas do gás fosgênio são idênticos aos do Covid".

A história de Turner foi rapidamente rotulada como "desinformação" pelo Facebook "fact checker"

Leadstories.com. Como estes tipos de "verificadores de fatos" têm sido uma importante fonte de desinformação repetidamente desde o ano passado, e parecem ter sido criados apenas para dar um "selo de aprovação" à falsa propaganda da mídia, isto significa quase automaticamente que pode haver um grande núcleo de verdade nele em 2021.

Folheto sem conteúdo

Uma enfermeira havia previamente fornecido à Turner imagens da embalagem obrigatória que será incluída nas embalagens de vacinação Moderna. Quando vi isto, fiquei horrorizado", disse o profissional de saúde. Você pode me dizer onde está a lista de ingredientes?' Na verdade, ela acabou ficando absolutamente em branco. 'Não há nada que eu tenha atirado em um paciente que se pareça com isso'. Eles estão cientes do conteúdo'.

Quando se trata de folhetos informativos, você conhece um único indivíduo vacinado que recebeu ou baixou e leu um antes do "jab"? Os alimentos devem conter uma longa lista de ingredientes ou eles não serão vendidos. O mesmo pode ser dito para a maioria dos medicamentos e bens de consumo comuns. Então, por que, de todas as coisas, existe uma exceção para as vacinas? Por que se torna tão difícil para você aprender o que está injetando em seu corpo e as conseqüências potenciais?

Você compraria sopa com o rótulo "Saberemos se os ingredientes estão seguros em três anos"?

Os defensores da vacinação ainda se recusariam a considerar se lessem a horrível bula da vacina AstraZeneca/Vaxzevria, que diz "Contém um adenovírus geneticamente modificado derivado de chimpanzé produzido em células renais embrionárias humanas". Os GVOs (organismos geneticamente modificados) estão presentes neste produto". ('Uma dose única (0,5 ml) compreende pelo menos 250 milhões de unidades infecciosas de adenovírus de chimpanzé, que codifica a glicoproteína spike SRA-CoV-2 ChAdOx1-S.')

E a realidade a preto e branco de que a eficácia, estabilidade e segurança da vacina não precisa ser mostrada claramente até 31 de maio de 2022? Isso não é até 31 de março de 2024, ou TRÊS ANOS a partir de agora, para os velhos e doentes crônicos (pg.16). O que fariam os adeptos da vacinação se fossem à mercearia para comprar uma lata de sopa e vissem no rótulo que não se saberia se os componentes daquela sopa eram seguros para sua saúde por mais um ano ou três? Eles não decidiriam então: "Não vamos fazer isso por um pouco, vamos tomar outra coisa"?

Capítulo 18: Sangue tóxico

Por enquanto, a Cruz Vermelha no Japão e na Bélgica não aceita doações de sangue de ninguém que tenha sido vacinado contra a Covid-19. De acordo com Jeffrey Kingston, chefe dos estudos asiáticos na Universidade de Temple, o Japão não esqueceu a crise dos anos 80, quando o governo aprovou o uso de sangue de doador infectado pelo HIV. Isto aconteceu apesar do fato de que já se sabia que o aquecimento poderia matar partículas do vírus no sangue.

Apenas 2% dos japoneses ainda estão totalmente vacinados - recuperação: terapia de manipulação de genes, em comparação com 35% nos Estados Unidos. O governo japonês, segundo Kingston, não é apenas burocrático, mas também cauteloso. Há um típico período de espera para a doação de sangue após outras imunizações. Isto é 24 horas para influenza, cólera e tétano, 2 semanas para hepatite B, e 4 semanas para sarampo, papeira e rubéola.

Por enquanto, a Cruz Vermelha belga não aceita doações de pessoas que foram vacinadas.

A Cruz Vermelha Americana permite às pessoas que tiveram vacinas mRNA corona doar sangue da mesma forma que é permitido às pessoas que foram infectadas pelo coronavírus. Não conseguimos descobrir nada a respeito de doações de sangue no site da Cruz

Vermelha, por isso achamos que elas podem continuar sem limitações.

Até hoje, nenhum vírus respiratório foi provado ser transmissível através do sangue, incluindo coronavírus e o vírus da gripe. Como resultado, dar e receber sangue é sem risco', de acordo com o site da Cruz Vermelha belga.

No entanto, ao contrário da vacina habitual contra a gripe, você será momentaneamente incapaz de dar depois de ter uma vacinação corona". O período de tempo depende da marca e se você tem sintomas após receber a vacina". (Itálico acrescentado) Quais são os sinais e sintomas de? Com certeza, se você tiver sido vacinado, você está seguro? Estas imunizações não são "comprovadamente seguras"?

Capítulo 19: A Índia está se desmoronando

Milhões de índios se lavam nos esgotos abertos do rio Ganges, onde dezenas de corpos são agora descobertos todos os dias.

O número de mortes devidas ao Covid-19 a cada dia aumentou de menos de 100 em janeiro para mais de 4.500 em maio desde que a Índia iniciou sua campanha de vacinação. A clara ligação entre imunizações e o autismo não é mais discutível. Tenha também em mente o aviso do diretor da RIVM, Jaap van Dissel, do final do ano passado, quando ele antecipou que as imunizações "poderiam inicialmente aumentar a mortalidade". E isso é exatamente o que está acontecendo em muitas nações, incluindo a Índia em grande escala.

Centenas de mortos são descobertos no Ganges todos os dias. Milhares de índios morrem diariamente de doenças como tuberculose, febre tifóide, malária, cólera e gripe, como resultado das circunstâncias sanitárias e nutricionais ainda pobres do país.

As pessoas que teriam recebido Covid-19 parecem ser mais suscetíveis à mucormicose e ao tifo esfoliante de infecções fúngicas outrora raras, que atormentam a fraqueza do sistema imunológico. O tifo esfoliante afeta cerca de 1 milhão de asiáticos a cada ano, mas a principal ameaça é a tuberculose (resistente a drogas),

103

que afeta 2,8 milhões de índios a cada ano e mata 435.000.

O número de mortes dispara após o início das imunizações, passando de menos de 100 por dia para mais de 4500 por dia.

Mais de 186 milhões de índios foram imunizados com a vacina Covid-19 desde janeiro. A Índia estava se saindo muito bem antes do início da campanha de vacinação. O número médio de mortes ligadas à Covid aumentou de bem menos de 100 nos primeiros três meses do bloqueio global para aproximadamente 1000 em setembro e outubro de 2020, antes de diminuir de volta para muito menos de 100 em janeiro.

Em seguida, as imunizações foram implementadas e o número de mortos disparou para 1500 por dia em abril e quase 4500 em maio. De fato, 3532 variantes Covid estão atualmente circulando na Índia, todas elas surgiram quase imediatamente após o início das vacinas.

Como isso é possível quando dois terços da população já desenvolveram anticorpos, de acordo com uma empresa privada de testes? Em abril, a revista Nature fez a mesma pergunta. Por que hoje morrem 45 vezes mais pessoas de repente, se as imunizações já estavam protegendo tantas pessoas contra o Covid-19? Isso poderia ser devido ao ADE (Antibody Dependent Enhancement), que foi advertido por vários cientistas e especialistas, e que poderia se tornar um problema na Holanda no outono, quando a corona e outros vírus respiratórios retornarem?

"As pessoas que foram vacinadas são mais suscetíveis a doenças e infecções graves".

As vacinas não só envenenam os sistemas das pessoas, tornando-as mais suscetíveis a consequências infecciosas (interferência do vírus), mas também levam o sistema imunológico a falhar se for reexposto a mutações 'vivas' do coronavírus (ADE)", diz Mike 'Natural Adams'.

De acordo com Adams, pesquisas clínicas indicaram que as vacinas Covid-19 tornaram os receptores mais vulneráveis a doenças mais graves. O grande número de pacientes que sofreram efeitos adversos destas vacinas, inclusive como cansaço, febre, problemas de colheita, letargia, paralisia, coágulos de sangue, etc., é prova de que elas induzem doenças significativas, enfraquecendo ainda mais o sistema imunológico.

Armas biológicas de auto-imunidade

Um amplo programa de vacinação poderia encorajar os coronavírus a evoluir ainda mais rapidamente, resultando no aumento da mudança da proteína Spike e, como resultado, a criação de novas variedades. A variedade B.1.617.2 espalhada na Índia, de acordo com cientistas britânicos, é 50% mais contagiosa". A

propósito, esta é uma ocorrência comum; a mudança
de vírus sempre se torna mais contagiosa, mas quase
sempre se torna menos letal. No entanto, graças às
vacinas, desta vez poderia ser diferente, como o banho
de sangue na Índia parece implicar.

Além disso, essas vacinas atuam como armas biológicas
auto-imunes, levando o corpo das pessoas a fabricar
proteínas Spike, que podem ser liberadas no meio
ambiente e levar à rápida evolução das partículas do
vírus infeccioso. Depois disso, os não vacinados são
expostos a uma variedade de proteínas Spike dos
vacinados. Isto poderia explicar porque o número de
mortes na Índia subitamente disparou, e porque os
corpos estão se lavando em massa ao longo das
margens do Ganges".

Capítulo 20: Controle total?

Os primeiros componentes necessários para transformar toda a raça humana em tecno-escravos totais já estão sendo amplamente distribuídos.

Ondas de rádio e campos magnéticos podem ser usados para tornar o cérebro e as células nervosas sensíveis - o controle do comportamento humano em locais com radiação particular está se tornando uma realidade.

Pesquisadores nos Estados Unidos criaram uma proteína magnética que pode ser usada para estimular células cerebrais rapidamente (e vice versa). Esta nova técnica pode ser usada para regular as áreas do cérebro responsáveis pelo comportamento complicado.

Como o desenvolvimento da proteína Spike é importante para a vacinação do mRNA contra o coronavírus, é fácil prever que no futuro, este tipo de vacina incluirá outro "programa" que desenvolve uma proteína destinada a obter controle externo sobre nosso comportamento e pensamentos.

A Optogenética está sendo gradualmente eliminada em favor da quimiogenética.

A Optogenética é a abordagem mais poderosa. Os pulsos de luz laser podem ser usados para ligar ou desligar clusters de neurônios associados. A quimiogenética é uma nova abordagem que foi criada recentemente. Isto funciona ativando proteínas personalizadas com "produtos farmacêuticos de design" (medicamentos, vacinas) que podem ser direcionados a certos tipos de células.

O lado negativo da optogenética é que ela requer a introdução de fios de fibra óptica no cérebro, que só podem penetrar no tecido até uma quantidade limitada. A quimiogenética usa reações biológicas para ativar as células nervosas em questão de segundos. Não é mais necessário "abrir" o cérebro com esta nova abordagem.

Projeto Magneto

Pesquisas anteriores mostraram que o calor das células nervosas e as proteínas ativadas por pressão mecânica podem ser geneticamente modificadas para se tornarem sensíveis a ondas de rádio e campos magnéticos. A anexação de uma partícula (para)magnética a elas, bem como pequenas seqüências de DNA, consegue isso. Este método já foi utilizado para controlar os níveis de glicose no sangue dos ratos.

Em uma experiência de laboratório, descobriu-se que a proteína 'Magneto' criada era capaz de ser absorvida por células renais humanas. A proteína foi então acionada usando um campo magnético. O 'Magneto' foi então colocado no genoma de um vírus, juntamente com uma proteína verde fluorescente e seqüências de DNA que visam exclusivamente tipos específicos de neurônios, em um teste subseqüente. Depois disso, o vírus foi entregue ao cérebro de camundongos. O magneto foi ativado ali usando um campo magnético, fazendo com que as células (do cérebro) criassem impulsos nervosos particulares.

Depois foi a vez dos ratos que podiam se movimentar livremente. Magneto foi injetado na região do cérebro que controla a motivação e a recompensa (neurônios dopaminérgicos). Os ratos eram então separados em grupos e colocados em uma sala onde alguns eram expostos a um campo magnético enquanto outros não.

Descobriu-se que os ratos Magneto passavam significativamente mais tempo na área magnética porque os neurônios dopaminérgicos em seus cérebros estavam engajados, dando-lhes uma sensação de recompensa quando estavam lá. Isto demonstrou que o comportamento complicado pode ser controlado e até mesmo dirigido empregando neurônios Magneto localizados nas profundezas do cérebro.

Steve Ramirez, um neurologista de Harvard, está extasiado com a nova estratégia. Este método consiste em um único e belo vírus que pode ser injetado em qualquer parte do cérebro", diz o pesquisador. Para alterar o comportamento dos animais (e depois dos seres humanos?), eles precisavam apenas ser expostos a um campo magnético.

Controlar seu comportamento em uma área afetada pela radiação está se tornando mais viável.

Agora que no ano 2021 os seres humanos estão tendo instruções genéticas (mRNA) injetadas em seus sistemas sob o pretexto de "vacinas" para produzir uma proteína (a proteína Spike), o próximo passo é adicionar OUTRAS instruções a esses tipos de vacinas. Em um discurso de 2017, a CMO da Moderna delineou como o mRNA pode ser usado para editar o DNA das pessoas, fazendo do mRNA "vacinas" uma plataforma através da qual os seres humanos podem ser programados.

E parece que isto é exatamente o que será feito, com proteínas que mudarão seu comportamento quando você estiver em uma área com certas radiações chegando em breve (como 5G). Até que seja um fato consumado, a grande mídia certamente não a chamará de "teoria da conspiração" ou "desinformação". Protestar então se torna sem sentido, pois provavelmente você não será capaz ou não estará disposto a fazê-lo devido a esta nova tecnologia.

Como resultado, quando o CEO do WEF Klaus Schwab declarou no ano passado que você "não terá nada e será feliz" até 2030 (mas talvez muito mais cedo), ele estava muito sério. Você será, de fato, difícil de ser feliz, não importa quais sejam as circunstâncias. Algumas pessoas parecem impacientes em entregar sua humanidade, seu pensamento independente e até mesmo sua "alma" para se tornarem escravos do sistema sem vontade, programados, controlados e geridos digitalmente.

Capítulo 21: Mascarar as ovelhas

Os cientistas acreditam que as máscaras faciais usadas pelo público em geral representam um risco de infecção - Por mais de um século, todas as experiências pandêmicas demonstraram que as máscaras faciais não funcionam no combate aos vírus e são ineficazes como proteção.

Recentemente, a grande mídia lançou triunfantemente um estudo provando que as máscaras faciais são eficazes. Entretanto, um breve olhar sobre o comissário do estudo revelou tudo: o Instituto Max Planck, que é substancialmente apoiado pelo governo alemão e pela União Européia. O que hoje é considerado "ciência" será quase certamente "cujo pão você come..." em 2020 e 2021.

Como resultado, não podemos mais antecipar conclusões imparciais ou críticas destes tipos de pesquisadores "nós do WC duck..."; em vez disso, eles se deixam explorar, tal como no passado, para carimbar os programas governamentais com aprovação. De fato, um recente meta-estudo alemão abrangente concluiu que as máscaras de rosto não só são ineficazes, mas também perigosas para a saúde.

Após uma hora de leitura no site do Instituto Max Planck, é evidente que os institutos e cientistas ligados a eles são como duas mãos em uma luva quando se trata de lidar com o governo. Não há notas críticas, e não há um único estudo que contradiga as afirmações das autoridades, nem mesmo marginalmente. Também lemos um pedido para fazer mais para combater as vozes anti-vacinas, como bani-las da Internet, a fim de torná-las mais "democráticas"...

A Inquisição voltou com outro nome

A Igreja Católica politicamente poderosa arrastou Galileu Galilei perante a Inquisição no início do século XVII porque, como Copérnico no século XVI, ele afirmou que a Terra, como os outros planetas, gira em torno do sol (a visão de mundo heliocêntrica), e que nós não somos o centro do universo (a visão de mundo geocêntrica). Para "provar" que ele estava errado, várias teses "científicas" e "científicas" e teológicas foram citadas. Somente em 1992 o então Papa João Paulo II pediu desculpas, e o Vaticano limpou seu nome.

As máscaras faciais são ineficazes e (muito) perigosas para a saúde, de acordo com um metástato.

No entanto, ainda há aqueles cientistas que não venderam suas almas para o diabo. Por exemplo, um recente meta-estudo alemão confirmou o que é conhecido há mais de um século: as máscaras faciais são ineficazes e prejudiciais à saúde. Vinte e duas das 44 pesquisas científicas que descobriram efeitos prejudiciais substanciais das máscaras faciais foram publicadas em 2020, e vinte e dois desses estudos foram publicados sob o título Covid-19. Houve 31 estudos experimentais e 13 estudos observacionais no total. As conhecidas máscaras faciais azuis e as máscaras bucais N95 atraíram 68% da atenção.

Exaustão, confusão e doença são causadas pelo aumento da dificuldade respiratória, freqüência cardíaca e pressão sanguínea.

O uso de tampas bucais cirúrgicas (azuis) por trabalhadores saudáveis da saúde (18 a 40 anos) causa efeitos físicos mensuráveis com aumento dos valores de CO2 transcutâneos (através da pele) e mudanças significativas na composição do sangue após apenas 30 minutos, de acordo com um estudo cruzado randomizado publicado em 2005. O aumento considerável de CO2 "respirando de volta" causa aumento da resistência respiratória, exigindo que o corpo exerça quantidades crescentes de esforço, bem como um grande aumento no ritmo cardíaco.

Os efeitos negativos podem parecer menores no início, mas o uso regular de máscaras faciais resulta em uma carga física crescente. Prevê-se que as máscaras faciais tenham impactos relevantes para a doença a longo prazo, de acordo com o aviso. Pressão alta, arteriosclerose, doença cardíaca (síndrome metabólica) e doenças neurológicas são apenas alguns dos efeitos colaterais inevitáveis do uso de máscaras bucais a longo prazo.

Mesmo um pequeno aumento de CO2 no ar inalado causa dores de cabeça, problemas respiratórios (asma), pressão arterial elevada e freqüência cardíaca, o que causa danos aos vasos sanguíneos e, finalmente, distúrbios neuropatológicos e cardiovasculares. Apenas um ligeiro aumento da pressão respiratória durante um longo período de tempo tem efeito semelhante. Níveis elevados de CO2 são especialmente perigosos para mulheres grávidas porque prejudicam o suprimento de sangue da placenta.

Ataques de pânico, hiperventilação, dificuldades cognitivas e dores de cabeça são todos sintomas de estresse.

Foi estabelecido, sem sombra de dúvida razoável, que as máscaras de rosto causam danos significativos e, a longo prazo, duradouros à saúde. O hormônio do estresse norepinefrina é liberado muito instantaneamente pelo cérebro humano em resposta aos baixos níveis de oxigênio e ao ligeiro aumento do consumo de CO2. O nível de CO2 precisa ser de apenas 5% para produzir um ataque de pânico em 15 a 16 minutos, de acordo com experimentos de provocação da respiração. A concentração habitual de CO2 no ar exalado é de cerca de 4%.

As tampas bucais são contraindicadas para epilépticos, de acordo com neurologistas dos Estados Unidos, do Reino Unido e de Israel, uma vez que podem causar hiperventilação. De fato, o uso de uma máscara facial pode aumentar sua taxa de respiração em 15% a 20%.

O uso de bocais fez com que 71,4% dos 343 funcionários de saúde em Nova York experimentassem sintomas físicos (doença) reconhecidos. Pior ainda, 28% tinham problemas crônicos de saúde para os quais precisavam de medicação.

No contexto do Covid-19, todas as variedades de máscaras faciais foram avaliadas em profundidade em 2020. Conclusão: Após apenas 100 minutos, elas criam graves problemas de pensamento e concentração, que são produzidos diretamente pela diminuição do teor de oxigênio no sangue. Outro estudo descobriu que as máscaras faciais são diretamente responsáveis por mais da metade das dores de cabeça sentidas pelos usuários de máscaras faciais.

Infecções e condições de pele

Como as tampas bucais cobrem o trato respiratório, a temperatura corporal aumenta e a umidade aumenta, alterando drasticamente o habitat natural da pele. Muitas pessoas têm a pele vermelha, com prurido e seca, bem como a produção excessiva de sebo (acne). Ela agrava e prolonga os distúrbios cutâneos, tornando as pessoas mais suscetíveis a infecções. Isto porque tanto as máscaras faciais azuis quanto as N95 permitem que germes, fungos e vírus se multipliquem rapidamente tanto dentro como fora das máscaras faciais (que são saturadas após apenas 10-15 minutos e depois não funcionam mais de qualquer maneira).

A pele do seu rosto não deve ficar escondida por longos períodos de tempo. Um grande número de pessoas terá problemas de pele indesejáveis agora que é necessário fazê-lo de qualquer forma.

Danos psicológicos significativos, particularmente entre as crianças

Os danos psicológicos foram documentados, além das numerosas repercussões físicas e da diminuição substancial da qualidade de vida - porque mesmo as atividades diárias regulares, como comer, beber e conversar, são muito afetadas. As máscaras faciais causam uma sensação de perda de liberdade e autonomia (que pode muito bem ser o objetivo da exigência de uso), o que pode levar à raiva reprimida e à contínua distração inconsciente, especialmente porque as máscaras faciais são frequentemente impostas por outros.

As máscaras faciais comprometem os direitos humanos básicos como a integridade pessoal, o direito à autodeterminação e a autonomia, além de causar desconforto e resultar na perda de certas habilidades psicomotoras, cognitivas e mentais, bem como reduzir a reatividade. As máscaras faciais são especialmente prejudiciais para as crianças, que freqüentemente experimentam preocupação e tensão como resultado delas. Muitos jovens ficam indispostos e infelizes, recuam e se envolvem menos na vida. (Uma geração inteira de jovens e adolescentes tem sido assim severamente prejudicada).

A mídia, tanto agora como no passado, tem desempenhado um papel muito prejudicial.

Os sentimentos depressivos são generalizados, sendo que 50% dos usuários de saúde bucal entrevistados os experimentam. A preocupação é exacerbada pelas reportagens frequentemente exageradas e unilaterais da grande mídia. Apenas 38% da cobertura da mídia sobre a pandemia do Ébola em 2014 continha fatos científicos, e 42% (significativamente) exageraram o perigo, de acordo com uma pesquisa. Um chocante 72% das peças da mídia foram projetadas para fazer com que os telespectadores se sentissem pior sobre sua saúde.

Ainda não temos números difíceis, mas acreditamos que até 2020, apenas 10% da cobertura jornalística conterá qualquer fato científico, e 90% (seriamente) irá (falsificar) o perigo do coronavírus. E, com algumas exceções, todos os principais meios de comunicação foram e são culpados de inculcar sentimentos de medo e incerteza 24 horas por dia, 7 dias por semana.

As máscaras faciais são um símbolo de pseudo-solidariedade e conformidade".

Segundo os cientistas em um dos trabalhos analisados, as máscaras faciais se tornaram "um símbolo de conformidade e pseudo-solidaridade". A OMS, por exemplo, enfatiza exclusivamente os "benefícios" ostensivos do uso de máscaras faciais e tenta criar nos usuários a (falsa) crença de que eles estão ajudando a combater um vírus.

Meta-estudo: 'Os efeitos potencialmente drásticos e indesejáveis observados em campos multidisciplinares ressaltam o escopo geral das decisões globais para introduzir máscaras faciais... De acordo com a literatura, há consequências indesejáveis inequívocas e cientificamente fundamentadas para os usuários de máscaras faciais, tanto físicas quanto psicológicas e sociais".

"Não há provas científicas de que o vírus tenha sido erradicado".

Nem a OMS, o ECDC (Centro Europeu de Prevenção e Controle de Doenças), nem os institutos nacionais (como o RIVM) provaram com dados científicos bem fundamentados uma conseqüência positiva das máscaras faciais para a população (no sentido de uma redução da disseminação do Covid-19)", diz o severo julgamento da máscara facial.

"Autoridades sanitárias nacionais e internacionais impuseram seus julgamentos teóricos sobre máscaras faciais à sociedade, contrariamente ao padrão

119

cientificamente estabelecido da medicina baseada em evidências, embora o uso obrigatório de máscaras faciais crie uma sensação enganosa de segurança".

As "máscaras faciais usadas pelo público em geral representam um risco de infecção".

Do ponto de vista da epidemiologia infecciosa, o uso regular de máscaras faciais expõe os usuários ao perigo de auto-contaminação tanto por dentro como por fora (das máscaras faciais), bem como através de mãos contaminadas. Além disso, o ar exalado faz com que as máscaras faciais fiquem saturadas, permitindo que os produtos químicos causadores de infecções se juntem no interior. Esta tendência pode ser evidenciada pelo notável aumento de rinovírus no RKI (Instituto Nacional Alemão de Saúde Pública e Meio Ambiente) pesquisa Sentinel a partir de 2020".

As máscaras faciais usadas pelo público são consideradas pelos cientistas um risco de infecção, uma vez que as regras de higiene padronizadas nos hospitais não podem ser seguidas pela sociedade". Além disso, o "ter que falar mais alto sob uma máscara facial leva a um aumento da produção de aerossóis (efeito de atomização)" (que pode ser medido a até 20 metros de distância, e que automaticamente torna completamente inútil todo o distanciamento social, uma vez que as máscaras faciais são assim saturadas após apenas 10 - 15 minutos e não funcionam mais de qualquer forma. E quem substitui sua máscara facial a cada 10 minutos?).

As máscaras faciais não ajudam em nenhuma epidemia moderna.

As máscaras faciais em uso diário não conseguiram alcançar os resultados esperados na luta contra infecções virais durante as pandemias de influenza de 1918-1919, 1957-1958, 1968, 2002, e com a SARS 2004-2005, assim como a influenza de 2009 (gripe suína).

As experiências motivaram estudos científicos, que concluíram em 2009 que o uso diário de máscaras faciais não tem efeito antiviral substancial. Mesmo mais tarde, cientistas e institutos determinaram que as máscaras faciais eram ineficazes na proteção dos usuários contra infecções respiratórias virais. As máscaras faciais cirúrgicas, mesmo quando usadas em hospitais, carecem de evidências sólidas de prevenção de vírus".

Como sempre, nenhum benefício favorável em infecções ou doenças foi detectado em uma comparação prática entre a Suécia e Belarus, por um lado, e o resto da Europa, bem como os Estados Unidos (entre os estados com e sem máscaras faciais obrigatórias).

121

Capítulo 22: Vítimas da vacina

Milhares de mortes evitáveis devido à Covid, e milhares já devido às vacinas" - a Índia interrompe a explosão da morte após as vacinas contra Ivermectin e hidroxicloroquina - Poderia ser o mesmo aqui com as mesmas imunizações se tais procedimentos forem usados na América?

O professor Dr. Peter McCullough, uma das maiores autoridades mundiais no tratamento do Covid-19, acusou o governo dos EUA de esconder "números inimagináveis" de vítimas da vacina em uma entrevista.

Este é exatamente o cenário que temos previsto há quase um ano: as vacinas produzem um número enorme de novas vítimas, que são então atribuídas a uma variação da Covid ou alguma outra causa de morte, como é mais provável que seja o caso, por exemplo, da Índia. Seria este também o caso aqui, se tais técnicas já estão sendo usadas nos Estados Unidos para persuadir o maior número possível de pessoas a tomar estas "vacinas"?

Agora estamos sendo controlados pela mesma elite de poder (WEF, ONU/OMS, Gavi/Gates, Big Pharma).

Com o sistema de registro de vacinação VAERS nos Estados Unidos, o número de mortes por vacinação relatadas está se aproximando de 5000, subindo de aproximadamente 1% para um máximo de 10% do número real no passado. Até 15 de maio, cerca de 11.500 indivíduos foram feridos na UE, com mais de 630.000 indivíduos feridos em ambos os lados do Atlântico e mais dezenas de milhares de pessoas permanentemente doentes ou incapacitadas. Como o número de vítimas de vacinas é milhares de vezes maior do que todas as outras vacinas combinadas, geralmente é necessário um estudo detalhado.

Um medicamento é normalmente retirado do mercado após 50 mortes.

Qualquer droga nova com cinco mortes inexplicáveis recebe um aviso de 'caixa preta', e então você ouve nas notícias que esta droga pode matá-lo', explicou McCullough. E depois de 50 mortes, ela é retirada do mercado', diz o autor.

Durante a pandemia da gripe suína de 1976, os EUA procuraram vacinar 55 milhões de pessoas, mas o esforço foi interrompido após a morte de 25 pessoas e 500 pessoas ficaram aleijadas como resultado da vacina.

Agora acontece exatamente o contrário tanto na América como na Europa: quanto mais o número de vítimas aumenta, mais as autoridades exercem pressão sobre a população a ser vacinada. E tudo isso com substâncias que só foram aprovadas provisoriamente, e cujos produtores só terão que provar que estão "seguros" dentro de alguns anos.

Seria impossível para os médicos do serviço público certificar que as mortes não foram causadas por imunizações em tão curto período de tempo".

Os números são mesmo falsificados de propósito, de acordo com o estimado acadêmico. No final de março, haviam ocorrido 2.602 mortes relacionadas à vacinação nos Estados Unidos. A FDA disse então que 1600 mortes haviam sido "investigadas" por médicos anônimos do governo, que haviam chegado à conclusão de que nenhuma dessas pessoas havia morrido como resultado da vacina.

Isso foi perturbador", disse McCullough. Ele sabe por sua própria experiência que normalmente leva meses para concluir tal investigação, não apenas alguns dias ou semanas. Eu fui presidente e participei de dezenas de conselhos de monitoramento de segurança... e posso lhe dizer que não há como que médicos desconhecidos da função pública sem qualquer experiência com o Covid-19 possam determinar que nenhuma dessas mortes foi devida à vacina".

Muito mais pessoas estão morrendo na atualidade.

Como apenas 1% a 10% das mortes por vacinas são relatadas historicamente, conforme validado por um estudo de Harvard, muito mais pessoas morrerão na atualidade do que são relatadas nas estimativas oficiais, e certamente não 0.

Como apenas 1% a 10% das mortes por vacinas são relatadas historicamente, conforme validado por um estudo de Harvard, muito mais pessoas morrerão na atualidade do que são relatadas nas estimativas oficiais, e certamente não 0.

Compare isso com a vacinação contra a gripe. Anualmente, os VAERS relatam 20-30 mortes, de 195 milhões de vacinações. Com o Covid-19, os EUA já estavam com 2602 mortes em 77 milhões de vacinações, de longe o maior número de vacinas em toda a história. Apesar disso, nem um político ou jornalista estabelecido na mídia de massa está exigindo uma investigação independente. Pior ainda, os poucos que o fazem são imediatamente estigmatizados e insultados.

"Estima-se que 85% de todas as vidas perdidas poderiam ter sido salvas".

O especialista Covid pensa que os milhares de mortos (cerca de 16000 na UE e nos EUA em meados de maio, certamente pelo menos mais 1000 a 2000 até agora) e centenas de milhares de doentes e feridos continuarão indefinidamente. Além disso, ele disse perante o Senado dos Estados Unidos em 19 de novembro de 2020, que "acreditamos agora que até 85% das vidas perdidas podem ter sido salvas com um regime multi-drogas".

No entanto, aqueles medicamentos comprovadamente eficazes e seguros são estritamente proibidos na América, Europa e Holanda para aplicar aos (presumidos) pacientes Covid-19. os clínicos gerais podem ser multados em 150.000 euros se prescreverem Ivermectin.

O governo está completamente no saco das instituições controladas pela Big Pharma e Bill Gates, como a OMS, e decidiu desde o início que somente uma vacina pode trazer "salvação".

A Índia usa Ivermectin e HCQ para acabar com o índice de mortalidade.

A Índia começou a empregar Ivermectin e hidroxicloroquina, muito contra os interesses da OMS e da Big Pharma (HCQ). Como resultado, o enorme aumento do número de mortes após a introdução das vacinas chegou ao fim.

Foi dito aos principais meios de comunicação que não publicassem nenhuma crítica sobre as vacinas.

Por outro lado, foi dito a todos os meios de comunicação que retratassem esses medicamentos de forma negativa e que não publicassem (quase) nenhuma reportagem crítica sobre vacinas. Eles até mesmo geram intencionalmente a maior ansiedade possível na Europa, a pedido do governo.

Esta censura flagrante e corrupção total da mídia recai sobre a Trusted News Initiative, na qual participam não apenas os gigantes da mídia social como Facebook, Google/YouTube e Twitter, mas também as principais agências de notícias AP, Reuters e AFP, assim como a BBC, CBC, EBU (European Broadcasting Union), Microsoft e o Washington Post. Fatos sobre o lado obscuro das vacinas experimentais de terapia gênica devem ser chamados de "desinformação perigosa" pela grande mídia.

Como isso resulta em tantas mortes evitáveis, como isso pode ser rotulado como qualquer outra coisa além do fascismo médico ou mesmo do terrorismo médico?

Se os cidadãos recebessem "qualquer tipo de notícia honesta e equilibrada sobre segurança", concluiu McCullough, "eles simplesmente não tomariam esta vacina". A Trusted News Initiative é realmente preocupante, pois atualmente estamos passando por um número recorde de mortes, que está aumentando a cada dia".

O governo e a Big Pharma têm uma conexão simbiótica.

O renomado médico alegou que o governo e a Big Pharma têm uma relação incestuosa, que proíbe que organizações reguladoras como a OMS sejam capazes, dispostas ou capazes de emitir um julgamento objetivo. Os Institutos Nacionais Americanos de Saúde, por exemplo, é um co-proprietário da patente Moderna.

Como resultado, o governo tem um incentivo financeiro para vender e administrar tantas vacinas quantas forem viáveis.

Os poucos médicos, cientistas e outros profissionais que ouvem sua consciência geralmente têm muito medo de falar pelo nome. Compreensivelmente, porque de outra forma desde o ano passado não é apenas o fim imediato da licença ou o fim da carreira, mas você também é arrastado pela lama e em alguns casos até mesmo processado e/ou intimidado pelo mesmo governo.

"Nunca descobrimos o verdadeiro número de vítimas".

De acordo com uma recente avaliação de 500 residentes de lares realizada por um médico de Kansas City, 22 idosos morreram dentro de 48 horas após terem recebido uma vacina da Pfizer. Não posso provar que a vacina os matou a todos, mas posso mostrar que os matou a todos dentro de 48 horas. Eles só têm que ser monitorados por 15 minutos, de acordo com as diretrizes, para que nunca possamos ver os números reais. É difícil provar se isso acontece depois desses 15 minutos. Que Deus nos ajude se a FDA autorizar isso.

Um corajoso médico canadense entrou em campo. O Dr. Charles Hoffe quebrou com uma proibição do governo de falar, dizendo que "a vacina Moderna matou e incapacitou pacientes".

**"O governo nunca esteve interessado em tratar
pessoas doentes".**

De acordo com McCullough, o governo tinha pouco
interesse em tratar pessoas doentes (com
medicamentos), mas em vez disso adotou rapidamente
a agenda da OMS (apenas distanciamento social,
máscaras faciais, lockdowns, testes e espera por
vacinações).

Ele descreve uma estratégia em quatro etapas em seu
documento "A Guide for Home-Based Covid-19
Treatment": A Step-by-Step Doctor's Plan That Could
Save Your Life" (dezembro de 2020), onde o pilar mais
importante, o tratamento e cura de pacientes Covid-19
com medicamentos comprovados e seguros, tem
estado completamente ausente das políticas públicas.
Ele acredita que, como resultado, dezenas de milhares
de pessoas morreram desnecessariamente somente nos
Estados Unidos.

No ano passado, o acadêmico francês Christian
Perronne, que tem uma longa e ilustre carreira,
escreveu um livro com o título provocativo "Existe um
erro que eles não cometeram?". - Covid-19: O sagrado
casamento de incompetência e arrogância". Segundo
ele, se os pacientes corona tivessem sido tratados com
zinco, hidroxicloroquina/quercetina, vitaminas C e D, e
azitromicina desde o início (especialmente como
medida preventiva), teria havido poucas mortes e

129

25.000 franceses (80% do número de mortos na época) ainda estariam vivos hoje.

Capítulo 23: A humanidade está encolhendo

A Terra ainda é incrivelmente árida: há poucos indícios de civilização humana visíveis do espaço. - Em Nova York, todas as pessoas do planeta caberão em edifícios de um andar". - "Ter filhos deve ser na verdade um dever da sociedade", diz um executivo Tesla que se concentra na programação de RNA e DNA humano.

Elon Musk, o CEO da Tesla, é conhecido por fazer declarações que contradizem a imagem globalista da "Nova Ordem Mundial". Em um discurso recente, ele declarou que nosso maior desafio em 20 anos será a subpopulação, e não a superpopulação. Dissemos anteriormente que, ao contrário do pressuposto comum, a Terra tem espaço, comida, energia e riquezas mais que suficientes para sustentar pelo menos três vezes mais pessoas em uma existência próspera. O mais rápido possível. A verdadeira fonte de nossa maior preocupação é a elite do poder global, que está fazendo tudo o que é possível para eliminar o maior número possível de pessoas, mantendo-as empobrecidas, doentes, famintas e, portanto, controláveis.

Quero enfatizar que o maior problema em 20 anos é o colapso da população, não uma explosão". Ele dá como simples exemplo alguém que lança uma bomba de um avião em algum lugar da Terra de forma aleatória. 'Com que freqüência você atinge alguém então? De fato, nunca. Todos os tipos de coisas caem na Terra do espaço o tempo todo. Meteoritos naturais, peças de foguetes antigos, mas ninguém se preocupa com isso". **"Ter filhos deve ser considerado quase como uma obrigação social".**

"Todas as pessoas do planeta poderiam caber em um andar em Nova York". Os outros andares são desnecessários'. De acordo com Musk, estamos tão dispersos pelo mundo que mal somos visíveis do espaço. Devemos ser cautelosos com o colapso da população'. Uma baixa taxa de natalidade é um grande perigo'. Ele adverte que, como resultado, nossa cultura pode perecer. 'Isso seria uma conclusão deprimente'. A idade média seria extremamente alta, e os jovens seriam forçados a cuidar dos idosos como escravos'.

"Creio que, em certa medida, as pessoas devem começar a considerar ter filhos como uma obrigação cívica. Caso contrário, a humanidade perecerá". Muito literalmente. Riqueza, educação e religião estão todas inversamente ligadas à taxa de natalidade. Quanto mais devota uma pessoa é, mais filhos ela tem". Será "como se alguém matasse metade da (futura) população" dentro de algumas décadas. Alguma coisa precisa ser virada ao contrário'.

"Tão rapidamente quanto possível, devemos abandonar os combustíveis fósseis".

O Musk está, é claro, totalmente comprometido com a missão de "sustentabilidade" verde como criador e produtor de carros eletrônicos. Ele está otimista com isso, pois sente que a China também está liderando o caminho nesta área, tendo já produzido metade dos veículos elétricos do mundo. Ele acredita que o mundo deve fazer a transição dos combustíveis fósseis o mais rápido possível para a energia solar, eólica e hídrica "sustentável", bem como para a energia nuclear em algumas situações.

O homem da frente Tesla diz que o petróleo, o gás e o carvão estão se esgotando rapidamente, mas esquece que isto tem sido gritado por quase 50 anos, e novas reservas estão sendo constantemente descobertas que podem fornecer à humanidade energia barata por pelo menos mais um século, e provavelmente até mesmo por muitos séculos.

Por que existem impostos sobre o CO2?

Ele também argumenta que a sociedade não está sendo cobrada pelo preço total dos combustíveis fósseis e das emissões de CO2. Como resultado, ele advoga por pesados impostos globais sobre o CO2.

Também aqui ele esquece algo importante, a saber, que em uma escala de tempo geológica ainda há muito pouco CO2 na atmosfera (cerca de 450 ppm), e que apesar de todas as emissões de CO2 humano (que está apenas uma porcentagem de muito atrás do ponto decimal). Além disso, todas as evidências geológicas mostram que os níveis de CO2 só aumentam após o

133

aumento da temperatura, e não o contrário, como tem sido afirmado por tanto tempo. Esta mentira é mantida para que a população concorde com impostos cada vez mais altos e para cortar seu fornecimento de energia barata.

Mesmo se as necessidades energéticas da humanidade parassem de aumentar, nosso planeta não tem superfície terrestre suficiente para construir moinhos de vento e parques solares suficientes. Sem mencionar a gigantesca carga de aço e metais raros que seriam necessários, além do fato de que especialmente os moinhos de vento têm uma vida útil extremamente curta (máx. 20 anos, a prática mostra que os primeiros moinhos falham após apenas alguns anos. A limpeza dos moinhos de vento quebrados também é um processo muito caro).

O RNA sintético e o DNA são usados para programar pessoas.

O almíscar é também um forte defensor do ARN e DNA programáveis (sintéticos), que as vacinas Covid-19 já injetaram em uma enorme parcela da população mundial. Isso me faz lembrar de um programa de computador". Se você quiser, provavelmente pode parar e reverter o processo de envelhecimento com ele".

Mostramos que os objetivos reais de criar humanos "programáveis" são muito mais sinistros, e parecem visar principalmente o controle totalitário da população e do comportamento, e a redução massiva da população.

No entanto, é bom ouvir por uma vez um conhecido alto executivo que tem uma visão positiva da humanidade, algo que certamente não pode ser dito da seita globalista de vacinas contra o clima liderada por Klaus Schwab e Bill Gates.

Nossos outros livros

Confira nossos outros livros para outras notícias não relatadas, fatos expostos e verdades desmascaradas, e muito mais.

Junte-se ao exclusivo Rebel Press Media Circle!

Você receberá novas atualizações sobre a realidade não relatada, entregues em sua caixa de entrada todas as sextas-feiras.

Inscreva-se aqui hoje:

https://campsite.bio/rebelpressmedia

www.ingramcontent.com/pod-product-compliance
Lightning Source LLC
Chambersburg PA
CBHW051423150726
48000CB00005B/1922